Dino Sintoni - El

A tav
con l'Indice Glicemico

Il gusto del benessere
con il metodo Justwellness®

GIUNTI DEMETRA

Progetto grafico: Adriano Nardi
Impaginazione: Cinzia Roberti e Andrea Amadori
Redazione: Dino Sintoni - Elsa Mazzolini - Luana Vacchi

Referenze fotografiche:
tutte le immagini appartengono a Gourmadia srl, Cesena

DINO SINTONI è l'ideatore del metodo Justwellness®. Naturopata, è impegnato da tempo nella ricerca di strumenti che permettono di raggiungere e mantenere il benessere totale. La sua esperienza si avvale di anni di studio e lavoro in Italia, in Svizzera e negli Stati Uniti. Oggi vive in Italia.

ELSA MAZZOLINI è giornalista, esperta in enogastronomia. Dirige una storica rivista dedicata alla cultura del cibo, ha fondato l'Accademia Nazionale Italcuochi e una delle prime scuole di cucina professionale in Italia. È autrice di numerosi volumi sul cibo e sul turismo.

BENIAMINO PALMIERI autore della prefazione (p. 5) e del capitolo "Cause e responsabilità dell'indice glicemico" (pp. 8-19) è docente all'Università degli Studi di Modena e Reggio Emilia, Dipartimento di Chirurgia Generale e Specialità Chirurgiche.

Il contenuto di questo libro ha valore informativo. La scelta e la prescrizione di una terapia come di un piano dietetico spettano al medico curante, che solo può valutare eventuali rischi collaterali (quali intossicazioni, intolleranze e allergie). Notizie, preparazioni, ricette, suggerimenti contenuti in questo volume hanno carattere informativo e non terapeutico.

www.giunti.it

Via Bolognese 165 - 50139 Firenze - Italia
Via Dante 4 - 20121 Milano - Italia
Prima edizione: marzo 2008

Ristampa	Anno
6 5 4 3 2 1	2011 2010 2009 2008

Stampato presso Giunti Industrie Grafiche S.p.A. - Stabilimento di Prato

Sommario

Prefazione 5

Perché Justwellness® 6

PER UNA VITA A RITMO E IN ARMONIA 7

Cause e responsabilità dell'indice glicemico 8
- Gli studi sull'indice glicemico ... 8
- Respirare con l'addome ... 12
- Gli esercizi per la respirazione ... 13
- Mangiare con il cervello ... 14
- Il cibo come vizio ... 16
- La forza della volontà ... 18

Vivere il senso dell'abbandono 20

Definite il vostro obiettivo 23
- Ricordatevi la parola "smart" ... 23

Differenziazione degli indici glicemici 25

La prima fase del metodo Justwellness® 28
- La parte alimentare di Justwellness® ... 28
- L'importanza della fase 1 a livello fisico e mentale ... 29
- Colazione ... 30
- Spuntini ... 30
- Pranzo e cena ... 31
- Condimenti ... 32

La fase 2 34
- Colazione e spuntini ... 34
- Pranzo ... 34
- Cena ... 35

La fase 3 37
- Colazione ... 37
- Pranzo ... 38

Il vino, gli abbinamenti e il peso forma 40

Atteggiamento mentale e trasgressione 41

Justwellness® e D'Adamo 43
- La specie umana e i gruppi sanguigni ... 44

Crudismo, nuova moda o stile di vita? 56

Indice glicemico in gravidanza 57
- Alimenti consigliati ... 57
- Alimenti da escludere ... 58

L'alimentazione dei bambini 59
- Latte e latticini ... 59
- Legumi ... 60
- Carne ... 60
- Pesce ... 60
- Uova ... 60

› Insaccati 60
› Dolciumi, patatine e pop corn 61
› Acqua e altre bevande 61
› Condimenti 61
La tabella degli indici glicemici 62

Le ricette 67

Antipasti 68
Primi asciutti con pasta 76
Minestre e zuppe 90
Secondi a base di carne 96
Secondi a base di pesce 106
Verdure 112
Dolci 118

Indice alfabetico delle ricette 125
Bibliografia 127

Prefazione

Oggi sono innumerevoli le persone che vogliono a tutti i costi dimagrire per reali problemi di sovrappeso o semplicemente per combattere inestetismi di tipo cellulitico con moderati eccessi di adipe. Ognuno chiede, a suo modo, un aiuto, chi impegnandosi in una pratica sportiva, chi riccorrendo alla farmacopea, chi a un regime dietetico, chi a un modello comportamentale cui attenersi, chi a un cambiamento radicale dello stile di vita. Molti, invero, cercano una guida, una specie di "broker-assicurativo" che garantisca loro il modo migliore per essere e sentirsi in forma, sia esso un estetista, uno psicologo, un dietologo, un endocrinologo, uno psichiatra, un nutrizionista, un dietista, un internista, un esoterista, un omotossicologo, uno psicologo, un omeopata, un erborista, un naturopata, un chirurgo, un guru...!

Cercano, insomma, qualcuno al di fuori e al di sopra di loro, che fornisca una sorta di sorveglianza, rendendosi infatti conto che l'*affaire* "dimagrire" è un problema che spesso trascende anche le più forti motivazioni. In realtà ogni problema che attiene la sfera alimentare presuppone zone d'ombra sconosciute, chiaroscuri scientifici e dettagli psicologici e piscodinamici che solo un tecnico esperto potrebbe disvelare.

Molti soggetti con problemi tentano comunque la strada del "fai da te", facendo indigestione di libri, specie di quelli che promettono diete rivoluzionarie e miraggi di risultati in tempi record. Anche i meno ferrati in matematica e scienze naturali si sono così ritrovati a mandare a memoria il valore calorico degli alimenti e le più ardite teorie scientifiche e ormonali, fino a illudersi che la ben nota leptina, ossia l'ormone secreto dagli adipociti, una volta riprodotta e somministrata in forma di farmaco potesse finalmente risolvere tutti i problemi di peso e corretta alimentazione. Intanto predicatori televisivi e fior di ministri della salute tentavano, giustamente, di prodigarsi per creare un popolo di salutisti non fumatori, non bevitori, non mangiatori, non... umani!

Questo pertanto non vuole essere il solito volume miracolistico, risolutivo di tutte le problematiche, ma sicuramente uno strumento per prendere consapevolezza delle proprie esigenze di benessere e di un nuovo metodo di approccio ai propri problemi. Una più piena coscienza di sé e di come utilizzare positivamente certe insospettabili risorse psicologiche, non potrà che migliorare la qualità della vita.

Perché Justwellness®

Justwellness® è sentirsi bene nel nostro corpo ed è il primo passo per stare bene con noi stessi e con gli altri. Si tratta del metodo creato da Dino Sintoni per raggiungere e mantenere il peso forma. Fornisce tutti gli strumenti utili per ritrovare la forma fisica e guadagnare energia. Justwellness® è, semplicemente, benessere.

Questo decalogo è generico e si addice a tutti. Per esigenze specifiche si consiglia sempre di rivolgersi a uno specialista.

I dieci consigli Justwellness®

1. Entro le ore 14 assumere cibi con indice glicemico massimo di 50.

2. Dalle ore 14 in poi assumere cibi con indice glicemico massimo di 25.

3. Mangiare la frutta entro le ore 17 e sempre lontano dai pasti.

4. Bere 1 litro e mezzo al giorno di acqua, soprattutto al mattino e lontano dai pasti.

5. Usare sempre poco sale, e solo marino integrale. Condire con olio extra vergine di oliva (max 3-4 cucchiai al giorno), aceto di mele o limone.

6. Zuccherare con fruttosio.

7. Mangiare più pesce che carne, preferibilmente carni bianche.

8. Limitare il latte (es. macchiare il caffè). Preferire il latte di soia.

9. Limitare i formaggi. Preferire ricotta fresca di siero e parmigiano stagionato oltre 24 mesi, che non contengono lattosio.

10. Dopo un pasto trasgressivo, mangiare per un giorno cibi con indice glicemico massimo di 15.

PER UNA VITA A RITMO E IN ARMONIA

Cause e responsabilità dell'indice glicemico

Vale la pena introdurre alcune osservazioni scientifiche mutuate dalle più recenti pubblicazioni mediche e nutrizionali, per valorizzare questo volume davvero prezioso, la cui impostazione pratica deve fungere da guida a tutti coloro che esigono per sé e per i propri familiari un'alimentazione semplice e sana, basata su principi apparentemente anche un po' empirici, ma proprio per questo suffragati da un riscontro concreto con la realtà.

Gli studi sull'indice glicemico

Quando il cibo arriva nello stomaco e viene inviato nelle prime anse intestinali, può scatenare l'azione di una serie di ormoni che agiscono sul pancreas e gli fanno produrre insulina, dando così origine a un meccanismo che porta all'accumulo di grasso nei depositi, con un rialzo degli zuccheri e una loro scarsa utilizzazione a livello del sangue.

Questo fenomeno era stato studiato nell'Università di Modena dal professor Renato Zandomeneghi, in tempi non sospetti, quando ancora si pensava che lo zucchero provocasse la risposta insulinica solo tramite il nervo vago. Questo scienziato, insieme a un gruppo di ricercatori internazionali, aveva identificato il polipeptide gastrico inibitore (GIP) e anche il GLP1 (glucagone-like peptide) come i ve-

ri responsabili della risposta glucidica del pancreas endocrino: questi ormoni vengono prodotti dalle cellule presenti nelle prime anse intestinali al contatto con cibi a elevato indice glicemico.
Più recentemente un altro chirurgo italiano, Francesco Rubino (nobile cervello in fuga dalla Cattolica di Roma e ora direttore di Chirurgia Metabolica alla Cornell University di New York) ha dimostrato prima nei ratti e poi nell'uomo, come, evitando che il cibo passi dallo stomaco direttamente alle prime anse intestinali (con un intervento di by-pass intestinale che scarica molto in basso, vicino al colon, il cibo demolito dallo stomaco), si riesce a guarire in poche settimane il diabete di tipo 2.

Ciò ha aperto molte prospettive alla cura chirurgica del diabete di tipo 2 in soggetti non necessariamente obesi, ma evidentemente dotati di una reattività glicemica esagerata, nei confronti del pancreas, anche con l'ingestione di cibi con indice glicemico non particolarmente elevato.
Risulta dunque da queste scoperte come la classica lagnanza di certe persone "io sono diverso da tutti i miei conoscenti infatti non posso mangiare nulla, poiché ingrasso subito", potrebbe trovare un solido fondamento di verità nella eccessiva reattività del loro tubo digerente a contatto con cibi liberanti insulina, a causa dell'elevata risposta glicemica.
L'insulina – quest'ormone così prezioso e insostituibile al punto che, quando difetta, dobbiamo iniettarcene scrupolosamente la dose adeguata – deve esse-

re provocato attraverso gli alimenti e i pasti che ingeriamo, con estrema parsimonia e cercando di risparmiarne l'incrementazione nel nostro sangue, pena il consumo delle sue scorte, cioè il diabete, oppure, i danni da accumulo, cioè l'obesità e l'arteriosclerosi. Ma come possiamo noi limitarne il consumo e lo spreco, oltre che tirando la cinghia e mangiando cibi a basso indice glicemico?
Semplicemente mettendo in moto la pompa dei nostri muscoli con un'attività fisica costante, rigorosa, metodica: i nostri muscoli sono potenti draganti dei livelli alti di zucchero nel sangue; demoliscono i grassi, consentendone l'immissione nel sangue allo scopo di essere combusti per liberare energia, attenuando così il nostro bisogno famelico di mangiare cibi dolci per disporre di immediato combustibile utile a generare ulteriori calorie. Ma in questa civiltà che tutto automatizza, dall'ascensore, alle scale mobili, ai montacarichi, alle valigie con le ruote, allo spazzolino da denti elettrico per non farci affaticare troppo, sorge spontanea una domanda: in che cosa consiste un equilibrato consumo energico per l'uomo moderno e perchè dovremmo muoverci, se tutto ciò che crea benessere va appunto in direzione contraria?

Semplicemente perchè noi non possiamo rinnegare la nostra specie e le nostre origini: infatti, dopo la esemplare cacciata dall'Eden, l'uomo primitivo cacciava il cibo a suo rischio, fatica e pericolo, consumando le calorie accumulate dal pasto precedente, nella battuta di caccia successiva necessaria a congiungere la cena con il pranzo. La conservazione dei cibi con frigorifero e freezer, sempre alla nostra portata, nonché la frequentazione dei fast food rappresenta un'altra insidia a favore della dissipazione di insulina che, per loro fortuna, gli antenati, era glaciale a parte, certamente non avevano!

Di qui l'inequivocabile necessità di far uso almeno delle gambe (se non delle braccia e dell'intero corpo), perchè questo meccanismo riequilibra a sua volta il consumo di zuccheri. E fra i muscoli, ruolo primario riveste il nostro strapazzatissimo diaframma che ha la capacità di farci assorbire dai polmoni la quantità di ossigeno necessaria a bruciare le calorie accumulate.

Ridotto al ruolo di separé, conteso tra i polmoni molto elastici – e quindi da strattonare energicamente per espanderli – e la matassa delle anse intestinali, del fegato spesso ingrossato dall'inattività e dagli stravizi alimentari, oltre che dal grasso addominale (che lo sospingono in alto fin quasi a soffocarne ogni movimento) il diaframma va attivato, liberato, incentivato nella sua incessante funzione di mantice. Per attivarne le funzioni e ottimizzare il nostro benessere ossidativo occorre stimolarlo in modo preferenziale appunto con il movimento e con l'esercizio vigo-

roso. Questo è un lavoro quotidiano a cui dobbiamo sottoporci per tenere tutto il nostro meccanismo muscolare che brucia energia (e, in misura molto minore, il meccanismo di combustione energetica cerebrale) in un perfetto sincronismo con il giusto apporto dei cibi di cui ci nutriamo.
Fateci caso: tutto ciò che di meccanico noi uomini abbiamo prodotto, trova una perfetta somiglianza con qualche ingranaggio del nostro corpo.

Respirare con l'addome

Esiste un inscindibile nesso tra il nostro cervello e il nostro corpo, tanto che molte medicine, specie orientali, postulano l'esistenza tramite l'individuazione di un Centro Energetico del Respiro. Quando facciamo esercizi di riattivazione respiratoria inviamo direttamente dal cervello a questo centro l'ordine di far muovere profondamente il diaframma e i visceri, ritmicamente, per potere ridisporre rapidamente di energia.

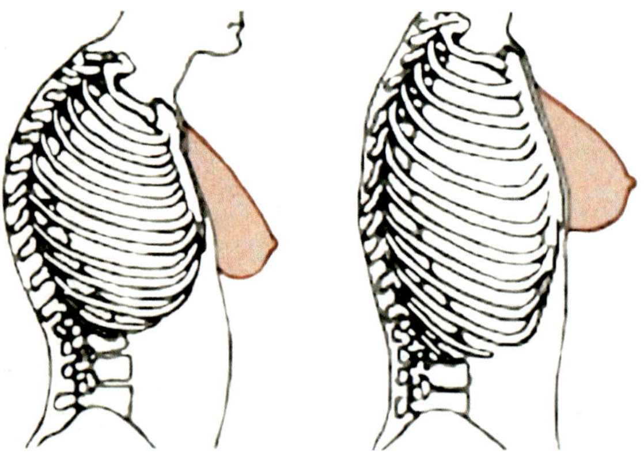

Tale esercizio è da fare ogni volta che si inizia a praticare attività fisica ripetutamente nella giornata, ma anche prima di ogni pasto o spuntino, quando si è distesi a letto, quando si vuol smaltire l'eccesso di stress o si sta per compiere un'impresa impegnativa.
In sintesi, il primo atto di volontà in ogni direzione, sia dal punto di vista dell'autocontrollo interiore, che dell'attività fisica o di interazione con l'ambiente, dovrà essere sempre mediato da questo piccolo atto di volontà utile a innescare il motore del Centro Energetico del Respiro in Addome. Attivando tale automatismo respiratorio, si fa muovere ritmicamente il muscolo diaframmatico con la guida della volon-

tà, così da raggiungere l'intensità massima possibile. Certamente, e non per puro caso, tutta la muscolatura è obbligata a interagire con il meccanismo respiratorio, ed è proprio su questo che dobbiamo soffermarci durante gli esercizi preliminari, per riattivare e recuperare dall'atrofizzazione e dalle posizioni viziate il nostro corpo.

Gli esercizi per la respirazione

Si parte dalla colonna vertebrale, ossia dalle vertebre cervicali fino a quelle sacrococcigee che devono esser completamente riattivate: inizieremo con rilasciare e distendere ritmicamente i muscoli del collo, alzando il mento e inarcando il capo all'indietro durante l'espirazione e l'inspirazione. La mandibola e la muscolatura linguale dovranno rilassarsi e richiudersi con lo stesso ritmo. Le vertebre dorsali e lombosacrali s'allungheranno distanziandosi tra loro il più possibile durante l'inspirazione, accorciandosi e rilassandosi durante l'espirazione: il coccige e la muscolatura pelvica e il piano degli sfinteri, invece, si inalzeranno al termine dell'espirazione forzata, tonificando così anche il tratto più basso della colonna vertebrale; nel momento in cui facciamo questi esercizi dobbiamo pensare di avere, in luogo della colonna vertebrale, un lunghissimo cordone elastico che mettiamo in trazione e che rilasciamo.

La muscolatura e lo scheletro degli arti, a loro volta, devono interagire in diversi modi con questo elastico: sollevando le braccia noi lo tendiamo ulteriormente, ma soprattutto, rialzando la scapola, allar-

ghiamo la parte alta della gabbia toracica, trovando un più ampio alloggiamento per i nostri polmoni. Durante l'inspirazione anche la contrazione e l'allungamento dei muscoli dell'arto inferiore agevoleranno l'assimilazione dell'aria, ma, soprattutto, anche il ritorno del sangue venoso al cuore, quindi la replezione di ossigeno del volume di sangue disperso nei polmoni.
Durante l'espirazione le braccia sono riabbassate e la mani possono essere premute sull'addome a piatto, per rinforzare la spinta sul diaframma; piegando le ginocchia (se gli esercizi vengono fatti da supini) si facilita ancora di più l'effetto espiratorio e tutto contribuisce, frattanto, a rendere più sciolte e più efficienti queste articolazioni che dovremo utilizzare durante il nostro ritorno alla normalità ponderale.

Mangiare con il cervello

Paradossalmente, l'unico apparato scheletrico che funziona bene in noi (sempre che la dentizione ci assista) è quello masticatorio, il quale, per ragioni di sopravvivenza (conquistare e sbranare il cibo sì, ma anche difendersi dai pericoli durante lo sviluppo delle diverse specie) è quello che la natura ha posto più vicino al cervello, con comandi brevi, velocissimi e ben ritmati, ed è quello che dà al nostro cervello più immediata soddisfazione e godimento, senso di benessere ed equilibrio. Attraverso la funzione alimentare il cervello attiva e gratifica altri sensi quali il tatto di labbra, lingua e palato, l'olfatto e il gusto, estinguendo in tal modo fastidiosi riflessi condizionati dal sistema nervoso, quali la salivazione, le contorsioni dello stomaco per la fame, il senso di debolezza e di svenimento dovuto al digiuno, la depressione e il pessimismo dovuto a mancanza del cibo. Gli stessi impulsi che il nostro cer-

vello genera come adattamento ai cambiamenti istantanei della vita (sbalzi di temperatura, scatti d'ira, sforzi improvvisi, imprevisti, bisogno di fuga e di nascondersi, voglia di emergere e di imporsi, conflitti con persone vicine e lontane) trovano sfogo preferenziale nella ricerca e nella assunzione del cibo, spesso incontrollata e della quale ci si pente subito dopo. Taluni di noi (quelli che hanno disturbi del comportamento alimentare) si puniscono illusoriamente con il vomito auto-provocato o con il generoso ricorso a purganti, oppure con diete cervellotiche o tentativi di digiuno che inesorabilmente, a un certo punto, falliscono.

Il guaio è che, essendo la masticazione un movimento che può divenire semiautomatico (come quando mangiamo il chewin gum), una volta innescato, se non badiamo a controllarlo, tende a proseguire indisturbato per molto, moltissimo tempo, almeno fino a quando non si instaura un senso di sazietà e di pienezza che nasce dalla distensione dello stomaco.

Purtroppo in alcuni di noi questo automatismo è talmente ben lubrificato ed efficiente che va avanti, specie se siamo stanchi, assonnati, distratti dalla tv

o altri stimoli, indefinitamente, e se il ritmo di assunzione non è troppo veloce e lo stomaco è già molto dilatato di per sé o per l'uso smodato di bevande, non avvertiamo neppure un debole campanellino di allarme.
Si è detto del resto, ed è vero, che il senso di fame e di sazietà è dovuto ai livelli dello zucchero nel sangue e nel cervello e che quindi anche l'insulina, prodotta dal pancreas e da altri ormoni che giocano al rialzo degli zuccheri, entrano in gioco per farci sentire pieni o vuoti.

Il cibo come vizio

Quando abbiamo nel sangue molta adrenalina - per esempio perchè siamo tesi ed eccitati, o impauriti - in quel momento non abbiamo fame, ma questa può scatenarsi subito dopo per vincere la paura (il senso degli animali di sbranare l'avversario e il pericolo), oppure come riflesso di altre reazioni altrettanto subitanee e improvvise che, per esempio, portano la glicemia a livelli molto bassi.

In sostanza dobbiamo fare i conti, a proposito di mangiare, anche con l'integrità delle nostre ghiandole endocrine, che ubbidiscono anch'esse a reazioni involontarie (riflessi) del cervello, oppure, tramite l'ipofisi, a precisi stimoli endocrini di altri ormoni prodotti direttamente nel cervello. Dunque le ghiandole endocrine possono essere in condizioni di squilibrio o di malattia, come nel caso del diabete, ove il pancreas riduce o cessa la secrezione di insulina.
Lo stress per esempio - che generalmente è un utile stimolo per i nostri equilibri di vita attiva - quando invece diviene troppo prolungato o eccessivo, sbilancia gravemente questi meccanismi e spinge molti di noi a mangiare copiosamente o compulsivamente, sbilanciando ancora di più il nostro peso.

Esistono, in misura più rara, persone che reagiscono allo stress dimagrendo e perdendo appetito.
Utilizzando quindi schemi ancestrali di sopravvivenza e reagendo più spesso con la mente che con l'aggressività dell'apparato masticatorio, le persone che si "sfogano mangiando" raggiungono il loro equilibrio con più facilità e sono meno soggette a disagi psichici gravi, proprio perchè in essi la compensazione allo stress si svolge con un meccanismo naturale ed elementare, che è quello di rafforzare, mangiando, la sensazione di resistenza a tutto ciò che vorrebbe indebolirci o disintegrarci.
In parte, sia che lo sentiamo o no, la dimensione della mente e della fantasia ci avvolge e ci condiziona, ci fa sentire il mondo e gli avvenimenti in modo diverso uno dall'altro e ci fa reagire secondo schemi che non ci siamo dati noi, ma che abbiamo ereditato o direttamente, per via genetica, o indirettamente (cioè

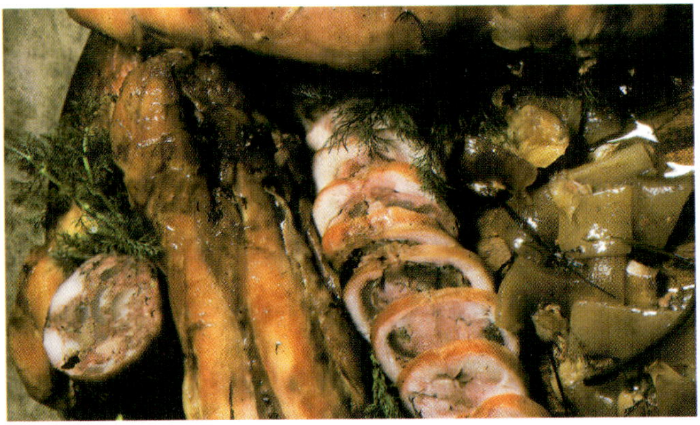

fenotipicamente) dall'educazione, dalla nostra stirpe, dalla famiglia, dalle persone con cui abbiamo vissuto e condiviso la vita: perciò, se siamo grassi, forse siamo stati figli di genitori grassi il cui principale appagamento è stato il cibo e la buona tavola, tanto che noi abbiamo assimilato i loro schemi e non siamo più stati capaci di razionalizzarli e disciplinarli adeguatamente.

La forza della volontà

Sopra il nostro corpo vigila una mente che, tramite la volontà, ci incita o ci reprime, ci gratifica o ci tortura, assorbe gli stimoli del mondo, li metabolizza a suo modo, li elabora e poi li trasforma in idee per le nostre azioni. Talvolta l'impulso ci spinge al vizio, cioè all'uso e all'abuso di sostanze nocive; la volontà interviene in una direzione che può essere positiva o negativa per la nostra sopravvivenza, in quanto può tendere a essere utilizzata per soddisfare un

piacere che in quell'istante diventa prevalente su tutto e offusca lo scenario della nostra vita intera. Mangiare, e soprattutto bere, può divenire un vizio che aggrava i nostri problemi di peso corporeo. La volontà è un altro ingrediente straordinario che non sap-

piamo esattamente quale posto occupi nel nostro cervello, ma che invade sotto forma di energia psichica il nostro corpo, lo anima, gli dà forza, perseveranza, tenacia, oppure lo sfugge, lo evita, lo fa sentire inadeguato e rimane sempre di più chiusa nei circuiti della mente, dispersa tra le fantasie e le notizie del mondo, afflosciata tra i sentimenti passivi di inutilità, di insoddisfazione, di inadeguatezza e incapacità ad affrontare i compiti che vorremmo prefiggerci.
Basta poco a innescare la volontà ed è ancora una volta la fantasia che la accende: la speranza di un premio, di una soddisfazione, di un risarcimento per averla impiegata. Ma poi bisogna mantenerla. Bisogna darle un allenamento, un semi-automatismo, un condizionamento per cui si mantenga nel tempo e tenga fede agli impegni presi, senza eccessivo sforzo.

La volontà di mangiare è un meccanismo talmente facile e talmente legato alla sopravvivenza della specie e quindi al godimento che, per non rimanere affogati nel cibo, saremo costretti non a sopprimerla, ma a cambiarne in parte la direzione, a sublimarla, per usare un termine psicologico, a renderla più complessa, ma altrettanto gratificante, anzi, ancora più gratificante, perchè dovremo intersecarla con altri stimoli e integrarla con altre soddisfazioni che renderanno il cibarsi ancora più piacevole e privo di rimorsi, aiutandoci a reinserirci a pieno titolo nella società.

Vivere il senso dell'abbandono

Nel momento della nascita, con il taglio del cordone ombelicale, il neonato avverte per la prima volta il senso dell'abbandono, dopo ben nove mesi vissuti nel grembo materno.
Questo istante viene definito dagli specialisti "trauma da separazione".
Il nostro primo rapporto con il cibo ha inizio proprio quando veniamo alla luce. Subito dopo il distacco dalla mamma, cominciamo a essere allattati, naturalmente o artificialmente. Si forma in questa fase della nostra vita una stretta relazione tra cibo e abbandono. La nostra educazione sarà sempre subordinata a tale meccanismo: allontanamento e vicinanza con il cibo. Provate a considerare come nella nostra infanzia il cibo sia stato il legame utile a riconciliarci con il senso dell'abbandono. Basti pensare alla figura di nostro padre che, al ritorno dal lavoro, ci regalava le caramelle o che, come premio, ci portava a mangiare la pizza. Oppure pensiamo ai dolci che nostra madre preparava per merenda, specialmente quando ci eravamo comportati bene. O alle leccornie che ci ve-

nivano regalate a Natale o per l'Epifania: erano tanto più numerose, quanto maggiore era stato il nostro rendimento scolastico o il nostro spirito di obbedienza nei confronti degli adulti.
Una volta diventati grandi, sia in amore, che negli affetti, nelle amicizie, nel lavoro viviamo il senso dell'abbandono, che spesso identifichiamo con il tradimento.
L'essere umano è abitudinario, con una mente che ripete lo stesso schema: nascita, allontamento dal grembo materno, nutrizione. Nel momento del dolore scatenato dall'abbandono (di un amico, di una persona cara) la mente regredisce, ovvero va a cercare nel novero delle conoscenze acquisite nel passato, la soluzione per ridimensionare la sofferenza. Ed è proprio il cibo che aiuta a ridurre il senso dell'abbandono.
Per tutto il periodo dell'infanzia sia il maschio, sia la femmina mangiano per superare questa paura atavica.
Durante l'età dello sviluppo e in età adulta, invece, le cose cambiano. Si crea un percorso psicologico che si diversifica a seconda del sesso.
La donna smette di mangiare per diventare sottile e occupare meno spazio. L'uomo, invece, mangia per irrobustirsi e sentirsi più forte, per trovare qualcuno da conquistare e da difendere.
Nelle reazioni che i due sessi hanno quando vivono il dolore dell'abbandono, possiamo notare che, frequentemente, gli uomini dimagriscono e le donne, viceversa, ingrassano. Come mai? La risposta si può trovare studiando la medicina psicosomatica, in particolare le teorie del dottor Haymer. Secondo queste, nella specie umana in età adulta coesiste una parte maschile e una femminile; l'uomo perde appetito quando prevale il suo lato femminile, la donna mangia di più quando predomina il suo lato maschile.
Nel nostro sistema educativo, la dolcezza, la comprensione, la protezione sono avvertiti come comportamenti tradizionalmente femminili, mentre l'autorità, l'imposizione, la durezza sono caratteristiche riconosciute come maschili. In realtà l'essere umano è com-

pleto quando queste componenti convivono in perfetto equilibrio. Capita tuttavia che per motivi legati all'indole di ciascuno di noi, a un certo tipo di educazione, di condizionamento sociale, o a episodi specifici, taluni individui abbiano sviluppato una predominante della parte maschile o di quella femminile a prescindere dal sesso.
È evidente dunque che il raggiungimento del peso forma e del benessere totale si basa su un lavoro continuo di conoscenza di sè e di sperimentazione delle proprie potenzialità e dei propri limiti. Ma non abbiate fretta: "Roma non fu fatta in un solo giorno".
Ciò che conta è la direzione da prendere, la costanza nel perseguire i nostri obiettivi e il continuo tentativo di migliorare noi stessi: a un armonico benessere interiore non può che associarsi un aspetto migliore. Questo equilibrio costituisce il viatico per il benessere totale.

Definite il vostro obiettivo

Quando l'obiettivo è chiaro e ben definito, è più facile raggiungerlo. La mente è educata dalla famiglia prima e poi dalla scuola a ragionare per obiettivi.

Noi ci alziamo al mattino e abbiamo una serie di appuntamenti, durante la giornata, da rispettare.

Questo è anche l'atteggiamento mentale con il quale affrontiamo la vita.

Quando ci salta un appuntamento, per motivi nostri o di altri, ci alteriamo e proviamo un senso di frustrazione o abbandono. La stessa cosa vale per il raggiungimento del nostro peso forma, quindi per raggiungerlo dobbiamo definire due cose:

> 1. *la strategia, che in questo caso è il metodo Justwellness®;*
> 2. *l'obiettivo, che è il nostro peso forma espresso in modo chiaro e ben definito.*

Ricordatevi la parola "smart"

Un obiettivo, per essere compreso dalla nostra mente, deve essere smart. Tale formula vale per qualsiasi obiettivo della mente umana. Le lettere "smart" sono le iniziali dei cinque aggettivi qui sotto:

Specifico • Misurabile • Attivabile
Riscrivibile • Temporale

Specifico – L'obiettivo è dimagrire.

Misurabile – Definite il peso finale da raggiungere. Ogni essere umano, come ha un numero di scarpe e misura una certa altezza, così ha un peso ideale. Se ci pensate bene, sapete qual è.

Attivabile – Ci devono essere condizioni esterne per raggiungerlo.
Riscrivibile – Potete scrivere ciò che vi impegnate a fare. Focalizzatevi sul motivo o i motivi per i quali dovete raggiungere un obiettivo e scrivete come sarà la vostra vita quando lo avrete raggiunto.
Scrivetelo tutti i giorni fino al raggiungimento dell'obiettivo.
Temporale – Il tempo va stabilito. Per esempio: perdere dodici kg in tre mesi. Nel caso l'obiettivo sia a lungo termine (12 mesi) inserite un obiettivo a medio termine e uno a breve.
Il breve termine è un mese ed è consigliabile darvelo sempre. Il medio, quattro o cinque mesi.

Quando il perché è forte,
il come si manifesta da solo.

Differenziazione degli indici glicemici

Conoscere gli indici glicemici dei cibi è importante per seguire un'alimentazione equilibrata che favorisca il dimagrimento.
L'indice glicemico di un alimento rappresenta la velocità con cui aumenta la glicemia, ossia la concentrazione di zucchero nel sangue, dopo l'assunzione di quell'alimento.
Per compensare il livello di glucosio nel sangue il nostro organismo produce insulina.
Questo meccanismo stimola la produzione di massa grassa e aumenta anche il senso di fame.
L'indice glicemico è diverso per ogni tipo di alimento e cambia a seconda del trattamento industriale e del tipo di cottura.

Per questo è utile consultare la tabella degli indici glicemici (pagine 64-65). Ecco qualche esempio di come gli indici glicemici di alimenti affini siano differenti: il riso comune bianco ha indice glicemico 70, il riso basmati 50, il riso selvatico 35, e quello integrale 50. Occorre tenere in considerazione anche la cottura: la pasta al dente ha un indice glicemico più basso di 5 punti rispetto alla pasta molto cotta; carote crude hanno un indice glicemico 30, mentre le carote cotte hanno indice glicemico 85.
L'indice glicemico (IG) diminuisce se si aggiungono grassi a un alimento, poiché i grassi rallentano la digestione e quindi i carboidrati vanno in circolo più lentamente.
Si ha una diminuzione dell'indice glicemico anche aggiungendo proteine a un alimento.
Per questo motivo nel metodo Justwellness® consigliamo di condire la pasta con pesce o parmigiano

stagionato oltre i 24 mesi.
Va detto che il rilascio totale di insulina è legato al carico glicemico oltre che all'indice glicemico, ovvero al prodotto tra indice glicemico e quantità di carboidrati ingerita.
Come per ogni regime alimentare, occorre sempre non dimenticare il buon senso. Non si può scegliere, senza logica, di mangiare un chilo di un alimento solo perché ha un basso indice glicemico. Non è questo che favorisce il dimagrimento. Il raggiungimento del peso forma è dato da un insieme di fattori, tra i quali è determinante anche la valutazione del carico glicemico. Per raggiungere e mantenere uno stato di benessere occorre variare gli alimenti e combinarli con armonia ed equilibrio.
Guardiamo alla classica dieta a conteggio calorico. È evidente che, a parità di calorie, l'alimento con basso indice glicemico è più utile al dimagrimento. Il conteggio calorico si accompagna al peso delle pietanze. Se aggiungiamo a questa valutazione anche il sistema che si basa sugli indici glicemici, riusciremo a valutare un rapporto glicemico/calorico delle pietanze che aiuti a dimagrire senza costringerci a mangiare necessariamente come uccellini, in quanto i cibi a basso indice glicemico riducono il senso della fame.
Perché i cibi ad alto indice glicemico fanno ingrassare? Per controllare il livello di glicemia nel sangue, il nostro pancreas produce insulina, quindi più mangiamo cibi ad alto indice glicemico più il nostro organismo deve produrre insulina. In presenza di questo ormone nel sangue, la lipolisi, ossia la scissione dei grassi dagli adipociti, non può avvenire. L'insu-

lina è un ormone anabolico che porta nelle cellule sostanze nutritive importanti, come proteine e glucosio, pertanto diventa un'alleata nella lipogenesi (la formazione dei grassi). È sufficiente mangiare qualche biscotto (IG 70) a colazione, qualche crackers o grissino a pranzo e a cena (IG 70) per far sì che i livelli di insulina nel sangue crescano tanto da impedire il dimagrimento.

Alcuni alimenti particolari, zucca (IG 75), carote cotte (IG 85), birra (IG 110), kiwi (IG 50), cocomero (IG 75), rapa cotta IG (85), hanno un contenuto di glucide puro molto basso (5% circa). Il loro consumo in quantità normale dovrebbe avere un effetto trascurabile sulla glicemia.

I latticini hanno un basso indice glicemico, ma hanno un alto indice insulinico, ossia stimolano la produzione di insulina, quindi non aiutano a dimagrire. Vi consigliamo quindi di mangiarne il meno possibile, oppure di limitarvi a piccole quantità utilizzate come condimento.

La prima fase del metodo Justwellness®

Gli elementi fondamentali che determinano i corsi vitali sono l'aria, l'acqua, il cibo, il sole, l'esercizio fisico e il riposo, i processi mentali ed emozionali. L'insieme di tutti questi fattori in corretto equilibrio significa benessere totale. Justwellness® è un metodo che lavora a più livelli, creando una sinergia tra tutti questi elementi. È uno stile di vita nel quale entrare senza fatica. Come quando si sale su un grattacielo: più si va in alto, più il panorama è piacevole, più ci si sente stimolati a proseguire nell'ascesa.

La parte alimentare di Justwellness®

L'alimentazione sana ed equilibrata è il primo passo verso la salute, la vitalità e la longevità.
Mangiare bene equivale anche a migliorare il proprio aspetto fisico.

Il metodo Justwellness® divide il regime alimentare in tre fasi molto semplici e ogni fase ha un ruolo ben definito e importante. Si è dato un particolare rilievo alle emozioni legate al cibo, tenendo in considerazione anche il suo aspetto trasgressivo (vedi pagine 41-42). Ma in sostanziale equilibrio.

Immaginate di vedere un equilibrista che cammina su una corda sospesa in aria, come al circo. Per rimanere in piedi è costretto a dondolarsi ritmicamente a destra e a sinistra. Allo stesso modo, una alimentazione equilibrata è un continuo esercizio di conoscenza e sperimentazione su noi stessi. Il punto di partenza della camminata nel vuoto rappresenta il momento nel quale si decide di cambiare. In quell'istante prendiamo in mano il nostro destino.

L'importanza della fase 1 a livello fisico e mentale

A livello fisico vi libererete della sindrome da resistenza insulinica, a livello mentale perderete la dipendenza da pane e derivati, dalla pasta e dai dolci. A tutti capita, al ristorante, di sentirsi attratti irresistibilmente dal cestino di pane e grissini prima dell'arrivo della sequenza dei piatti ordinati. Quella voracità dipende dalla mente o dal corpo? La risposta immediata è: dalla mente. È il corpo, invece, a guidarci. La sindrome da resistenza insulinica si manifesta con la dipendenza mentale da farina (pane, pasta, dolci), frutta e zuccheri. Alla stessa maniera il fumatore, avendo la nicotina nel sangue, si sente portato ad accendere l'ennesima sigaretta quando una persona accanto a lui fuma. Eppure possiamo assicurare che dopo due settimane della fase 1 del metodo Justwellness® il desiderio di pane, pasta, pizza, dolci sarà scomparso quasi completamente e sarete in grado di avere padronanza su ciò che dovrete e potrete mangiare. Nella convinzione che la vita vada vissuta in assoluta libertà, non è ragionevole assecondare una dipedendenza dal cibo. **La fase 1 è il primo passo verso questa libertà.**

Alle pagine 32-33 troverete una lista di alimenti "sì" da utilizzare nei quindici giorni dedicati alla fase uno. Sono ammesse molte varietà di carne, tutti i tipi di pesce e le uova. Tra i latticini, sono stati selezionati gli unici due che non contengono lattosio: la ricotta di siero e il parmigiano stagionato.

Noci e mandorle saranno utili per gli spuntini. Le spezie e le erbe aromatiche insaporiranno le pietanze, soprattutto le verdure. Per le bevande, si può scegliere tra acqua, tisane, te, caffè e orzo. In questa fase è molto importante non zuccherare. Se non se ne sopporta il gusto amaro, le nostre bevande si possono macchiare con un goccio di latte. Nella fase 1 il segreto è non saltare i pasti e mangiare cinque volte al giorno: a colazione, a pranzo e a cena con due spuntini, uno a metà mattina e uno a metà pomeriggio.

Colazione

Bevete caffè, te, orzo e mangiate la ricotta di siero. Potete preparare tre o quattro cucchiai di ricotta con un po' di olio, un cucchiaino di polvere di caffè o di cacao amaro. Sarà una sorpresa gustosa. Avete ancora fame? Aggiungete qualche noce o mandorla. Oppure in alternativa mangiate un uovo alla coque o sodo. Noi italiani al mattino amiamo il dolce. Per gli anglosassoni la fase 1 è molto più semplice perchè privilegiano i cibi salati. Ricordatevi, però, che questa fase dura solo due settimane. È un dato certo che, in seguito, alcune di queste accortezze diventeranno abitudini e alcuni gusti nuovi rimarranno in voi per tutta la vita.
Un'altra nota per la mattina: invece di bere una spremuta di agrumi (utilissima in fase 2), sperimentate una buona centrifuga di verdure scelte tra quelle consigliate in tabella.

Spuntini

Se non siete abituati agli spuntini, vi accorgerete invece di quanto siano importanti, sia in questa fase, sia nelle successive. Vi consentono di arrivare al pranzo e alla cena senza una voracità famelica e cieca. Soprattutto costituiscono i momenti nei quali vi toglierete sfizi e voglie. Vi ricordate il piacere della merenda, da bambini? Bene; lo spuntino assumerà quel "sapore". Mangiate qualche noce con un pezzetto di parmigiano, oppure, se siete fuori per un aperitivo, sorseggiate una centrifuga di verdure accompagnata da qualche oliva e un po' di salmone affumicato. Vi consigliamo di fare una fotocopia degli alimenti "sì" e di portarla con voi al bar o al ristorante. Troverete facilmente quello che vi serve.
Se lavorate in ufficio o vi spostate in auto, portate con voi noci e mandorle. Le quantità ideali sono dieci mandorle oppure cinque noci. Suddividete le quantità nei due spuntini. Potete sgranocchiare anche un sedano o un finocchio, così come nelle successive fa-

si mangerete un frutto. Il pinzimonio è una salvezza in caso di fame improvvisa. In una dieta a base di verdure, potrete facilmente concedervi anche uno spuntino in più.

Pranzo e cena

Sono due pasti che si possono sviluppare allo stesso modo, basati essenzialmente su carne, pesce e verdure. Il consiglio è di privilegiare il pesce rispetto alla carne. Le persone di gruppo sanguigno A, soprattutto, dovrebbero seguire queste proporzioni: sei pasti di pesce, due di carni bianche, uno con uova e uno con ricotta e parmigiano. Il gruppo sanguigno 0 invece tollera bene carne e pesce, mentre dovrebbe ridurre al minimo i latticini, seppure concessi.
I gruppi B e AB invece sono più liberi nella scelta e possono alternare liberamente carne e pesce.
Attenzione: non siete di fronte a un regime alimentare iperproteico. Siete voi o lo specialista che vi segue a valutare quante proteine (carne, pesce, uova, ricotta e parmigiano) assumere, in base al buon senso e ai vostri gusti. Vi accorgerete subito di cosa vi fa stare meglio.

Alcune persone che hanno adottato il metodo Justwellness®, nella fase 1 hanno scelto di cibarsi solo di verdura, noci, mandorle e ricotta, altre hanno scelto come proteine solo il pesce. L'obiettivo principale è stare lontani dalle farine e non ingozzarsi di proteine.
Chi avesse patologie particolari, o assumesse farmaci, deve assolutamente parlare con il proprio medico, farsi consigliare e farsi seguire durante la fase 1 e le fasi successive. Nella fase 1 vi accorgerete che ben presto il vostro piatto principale a pranzo e a cena sarà l'insalatona. Alle verdure potete aggiungere gamberi, tonno e tutto il pesce che vorrete, oppure

pollo, bresaola, scaglie di parmigiano. Se andate al ristorante, ordinate una tagliata con verdure alla griglia, oppure pesce cotto alla brace, al forno, al sale, crudo. Va bene in tutti i modi, basta che non sia impanato con il pangrattato. Una alternativa può essere una frittata con zucchine o spinaci, insaporita con parmigiano.

La sorpresa della fase 1: perderete circa il 5% del vostro peso corporeo, ovvero dai 3 ai 5 kg.

Condimenti

Sono necessari e sani: olio, limone, sale marino integrale. In fase 1 non potete usare l'aceto. Usate il limone. Per l'olio, limitatevi a 3 o 4 cucchiai al giorno. Un consiglio è quello di usare il sale il meno possibile. L'alternativa? Condite la verdura con un olio molto saporito, di per sè ricco di polifenoli, che hanno proprietà antiossidanti: vi accorgerete di quanto sia buona la verdura senza sale. Conservate il vostro pizzico di sale per la carne, il pesce e le uova.

Fase 1 - Alimenti "sì"

COLAZIONE + 2 SPUNTINI (ore 10:00/17:00)	Tè / Caffè / Orzo (macchiati al latte) Mandorle (10) e Noci (5) o Mandorle (20) Ricotta con cacao amaro/polvere caffè Uova, Verdure Prosciutto Cotto (senza lattosio), Bresaola, Fesa di tacchino
PRANZO	Carne o Pesce e/o Verdure
CENA	Pesce o Carne e/o Verdure
CONDIMENTI	Olio / Limone / Sale
NOTE: Evitare di mangiare carne due volte al giorno (preferire le carni bianche)	

Alimenti "sì"

CARNE	**SPEZIE/CONDIMENTI**	**ORTAGGI**
Manzo	Limone	Insalata (ogni varietà)
Vitello	Sale	Asparagi
Coniglio	Dado vegetale	Bietole
Petto di tacchino	Pepe	Broccoli
e pollo (senza pelle)	Peperoncino	Carciofi
Maiale	Tutte le spezie che	Radicchio
Bresaola / Fesa di tacchino	non contengono zuccheri	Rucola
Prosciutto cotto	Olio extravergine di oliva	Cavolfiore
(senza lattosio)	Olio di semi	Melanzane / Peperoni
Prosciutto crudo	Gelatina senza zucchero	Cavolo
	Cacao amaro	Cetrioli
		Cicoria
		Sedano
		Pomodori (*)
		Cipolla
		Aglio
		Finocchi
		Funghi
		(ogni varietà)
		Olive (**)
		Porri
		Rape
		Zucchine
		Spinaci
UOVA		
FORMAGGIO	**FRUTTA**	**BEVANDE**
Parmigiano (stagionato	Noci	Acqua
oltre 24 mesi)	Mandorle	Tè , Caffè, Orzo
Ricotta di siero		Tisane (non zuccherate)
PESCE		
Crostacei		
Molluschi		
Tutti i tipi di pesce		

(*) 1 grande o 10 ciliegino
(**) 5 pz.

La fase 2

È stata piacevolmente impegnativa la fase 1 che avete appena terminato? Si potrebbe definire una bella esperienza che vi ha portato, oggi, ad avere un discreto controllo su cibi come pane, pasta, pizza e dolci. Ora possiamo serenamente iniziare a introdurre riso, legumi, frutta, yogurt, formaggi, prodotti a base di soia e cioccolato fondente; tra i condimenti possiamo permetterci l'aceto di mele e tra i dolcificanti il fruttosio.

Colazione e spuntini

Al mattino è consigliabile cambiare spesso il tipo di colazione. Tenete come base la frutta con indice glicemico fino a 50, albicocche, mele, pere, arance, mandarini, pompelmi, ananas, uva e fichi. Quando avete voglia, potrete mangiare un vasetto di yogurt naturale o alla frutta, o yogurt di soia. Qualche pezzetto di cioccolato fondente (cacao all'85%) anche a merenda al posto delle noci e delle mandorle.
Le quantità? Va utilizzato sempre il buon senso: un paio di frutti al mattino, uno al risveglio e uno a metà mattina (se ne avete la possibilità) e uno a metà pomeriggio, sempre entro le ore 17. Mantenete costantemente l'abitudine dello spuntino a metà mattina e a metà pomeriggio: frutta, cioccolato, yogurt, noci, mandorle. Cambiate quanto più possibile: al vostro inconscio piace la novità.

Pranzo

A pranzo potete iniziare a inserire il riso a giorni alterni. Vi sarete accorti che guardando la tabella delle pagine 50-51, il riso comune bianco ha indice glicemico 70, quando invece voi dovete stare entro il limite di 50. I tipi di riso da utilizzare in questa fase sono: rosso selvatico (IG35), basmati (IG50), riso integrale (IG50) da condire con verdure, olio, parmigiano, pesce. Il giorno nel quale non assumerete riso, mangerete legumi (fagioli, ceci, soia, lenticchie) con verdure e/o pesce, ai quali potrete aggiungere le carote crude (IG30) che in fase 1 non erano consentite. (Vi consigliamo di osservare la tabella del vostro gruppo sanguigno e di utilizzare gli alimenti inseriti nella colonna "consigliato o indifferente").

Cena

Alla sera mangiate carne rossa o bianca, pesce, uova e, ogni tanto, piccole quantità di formaggi. In generale i latticini non sono utili per chi vuole perdere peso. Vi sono persone che tollerano i formaggi meglio di altre, ma di norma è meglio limitarsi a formaggi, latte, yogurt in quantità contenute, scegliendoli per insaporire riso, frittate o caffè.

L'uomo è l'unico animale che, dopo lo svezzamento, continua a bere il latte. Soprattutto di un altro mam mifero. Se è vero che i vitelli, da adulti, non lo bevono più, perché dobbiamo continuare a berlo noi? Troverete una tabella a pagina 63 dove sono indicate le quantità di calcio e vedrete che potrete integrarlo nella vostra dieta quotidiana con alimenti sia animali, sia vegetali: il calcio contenuto nelle verdure è più facimelmente assimilabile (le mucche, per produrre latte, mangiano infatti erba).

La fase 2 ha una durata di due settimane. Obiettivo di questo secondo livello è quello di inserire i carboidrati, anche se occorre ancora stare lontani dal frumento. A livello mentale servono almeno tre settimane per acquisire una nuova abitudine; secondo gli studiosi di programmazione neuro linguistica

(PNL) il motivo per il quale in questa fase non dobbiamo assumere il frumento è dovuto alla necessità di consentire al nostro organismo di perderne la memoria. Contando le settimane di fase 1 e quelle di fase 2, potrete consumare durante la terza settimana (che corrisponde alla prima di questa fase) un pasto a piacimento, in qualche modo "trasgressivo". L'importante è far seguire poi una giornata di fase 1 (come quando la sera andate a letto tardi e il giorno dopo dovete recuperare qualche ora di sonno).
Consumerete probabilmente il vostro pasto trasgressivo a cena, quasi sicuramente con pane, pizza, dolci, vino. Se è così, lo stesso giorno a pranzo, cercate di non mangiare il riso o i legumi, ma carne o pesce, per evitare un'ingestione massiccia di carboidrati.

In questa fase perderete la metà di quello che avete perso in fase 1, quindi da 1,5 a 2,5 kg. È passato un mese e avete già perso il 7/8% del vostro peso iniziale.

Fase 2 - Alimenti "sì"

COLAZIONE + 2 SPUNTINI (ore 10:00/17:00)	Tè / Caffè / Orzo
	Mandorle (10) e Noci (5) o Mandorle (20)
	Yogurt naturale / Yogurt alla frutta / Yogurt di soia naturale o aromatizzato / Soia
	Frutta (albicocche, mele, pere, arance, mandarini, pompelmo, ananas, uva, fichi)
	Cioccolato (Cacao 85%)
PRANZO	Riso (integrale, selvatico, basmati) / Legumi condire con Verdure e/o Pesce con contorni di verdure
CENA	Carne / Pesce / Uova / Formaggi stagionati con contorno di verdure
CONDIMENTI	Olio / Limone / Sale marino integrale

La fase 3

Questa fase costituirà il vostro abituale stile di vita alimentare: si tratta di uno schema nutrizionale molto libero, nel quale sono ammessi tutti i cibi con indice glicemico inferiore a 50.

Colazione

A colazione, oltre agli alimenti della fase 2, potete aggiungere pane integrale (IG40) di qualsiasi farina integrale (frumento, farro, kamut), con marmellata senza zucchero (IG30). Variate spesso il tipo di farina.
Prima di iniziare a mangiare fatevi una domanda: "Cosa desidero mangiare adesso?"
Di norma mangiamo per abitudine le stesse cose, quando invece sappiamo bene che, se vogliamo gratificare i nostri cari, cerchiamo di emozionarli cucinando qualcosa di inatteso. Dunque, stupite voi stessi. Fatevi delle sorprese alimentari.
Avete mai fatto colazione con fragole e cioccolata fondente? Provate. E il giorno dopo di che cosa avete voglia a colazione? Di un toast? Bene, tostate due fette di pane integrale e farcitele con prosciutto crudo o spalmatele con marmellata senza zucchero.
Negli ultimi anni si è persa l'abitudine di andare al forno tutte le mattine. Eppure il consumo di frumento pro-capite è aumentato, in quanto utilizziamo più crackers, fette biscottate e prodotti industriali raffinati in genere. Dovete preferire invece il pane integrale, meglio se a lievitazione naturale, in quanto più digeribile. Vi accorgerete che diminuiranno i gonfiori addominali. Troverete sicuramente nella vostra città un forno che lo produce; tagliatelo a fette e mettetelo in congelatore, cosicché, quando avrete voglia di una fetta di pane a colazione con marmellata, o desi-

derate un toast, sarà già pronta da scongelare.
Consideriamo a questo punto un esperimento fatto su due gruppi di bambini. Al primo gruppo è stata somministrata una colazione con biscotti, al secondo con uova e prosciutto. I bambini del primo gruppo hanno avvertito il senso di fame circa due ore prima rispetto a quelli del secondo. La spiegazione consiste nel fatto che i biscotti hanno IG 70, quindi più alto rispetto a uova e prosciutto (IG 0).
Nel momento in cui scende la glicemia è più facile che si abbia fame, mentre mangiando uova e prosciutto non c'è nessuna variazione glicemica e la fame è più controllabile.

Pranzo

A pranzo, in fase 3, potrete assumere pasta (IG 45), legumi, pane integrale, riso integrale e riso basmati, oppure riso rosso selvatico. Vi consigliamo di far ruotare gli alimenti: un giorno pasta, un giorno riso, un giorno pane, un giorno legumi. L'ideale è utilizzare il pane nel giorno del pranzo veloce: potete mangiare un panino integrale farcito, per esempio, con un salume. Ricordate che adesso avrete meno voglia di pane e pasta. E ricordatevi sempre delle insalatone: rimangono una sana e gustosa abitudine.
Come condire riso e pasta? Con pesce o con le verdure. Il pesce come condimento è un jolly, essendo un formidabile alimento con contenuto proteico simile alla carne, ma più digeribile: potrete mangiarne anche due volte al giorno. In particolare il pesce azzurro (tonno, sgombro, sarde) è ricco di acidi grassi insaturi, con capacità di modulare l'attività dei recettori insulinici e delle lipoproteine plasmatiche.
Scendendo sul piano pratico e volendo consigliare un sistema alimentare di facile applicazione, il lunedì potreste pranzare con gli spaghetti al tonno, il martedì con il risotto agli asparagi o alle zucchine, il mercoledì con un piatto di ceci o fagioli, con accompagnamento di ulteriori verdure. Se sapete che la sera ave-

te un impegno e andrete a mangiare la pizza, allora a pranzo eviterete pasta, riso, pane, preferendo pesce, o carne con verdure. E l'indomani si recupera con una giornata di fase uno (ora avete gli strumenti per potervi gestire da soli).
A cena, come per le altre fasi: carne, pesce, uova, formaggi stagionati (non abusatene) con contorni di verdure. Se il vostro obiettivo è perdere peso perché non avete ancora raggiunto il peso forma, alla sera non mangiate pane integrale, che invece potrete inserire quando siete in forma e volete rimanerci (anche se a questo punto il pane diventa un alimento accessorio: ormai non avete più dipendenza e potete farne a meno). Una raccomandazione se dovete perdere ancora peso: i carboidrati vanno limitati al pranzo; il vostro peso diminuirà di circa 500 grammi a settimana, con un totale di 2 chili al mese.

Fase 3 - Alimenti "sì"

COLAZIONE + 2 SPUNTINI (ore 10:00/17:00)	Tè / Caffè / Orzo
	Mandorle (10) e Noci (5) o Mandorle (20)
	Frutta come fase 2
	Cioccolato (Cacao 85%)
	Pane integrale (kamut, farro, frumento, soia)
	Marmellata senza zucchero Yogurt naturale o alla frutta / Yogurt di soia naturale o aromatizzato
PRANZO	Pasta / Legumi / Pane integrale / Riso integrale, basmati, selvatico / condire con Verdure o Pesce
CENA	Carne / Pesce / Uova / Formaggi stagionati con contorni di verdure
CONDIMENTI	Olio / Sale marino integrale / Limone o Aceto di Mele
NOTE: Zuccherare con Fruttosio	

Il vino, gli abbinamenti e il peso forma

Gli studi dei professori Masquellier e Renaud hanno dimostrato come il vino, soprattutto rosso, nella misura di tre bicchieri al giorno e diminuisca i rischi cardiovascolari.
Il vino contiene in effetti sostanze che diminuiscono il colesterolo LDL (il cosiddetto colesterolo cattivo) e aumentano il colesterolo HDL (il cosiddetto colesterolo buono). Quest'ultimo ha il merito di proteggere le pareti arteriose e di rendere il sangue più fluido, prevenendo le patologie cardio-vascolari.
Il vino non contiene glucidi e ha un indice glicemico uguale a zero.
Bevuto durante un pasto normale, effettivamente contribuisce a un aumento di peso. Se invece viene assunto con consapevolezza limitando le dosi del pasto, oppure lo si beve fuori pasto, può collaborare alla perdita di peso, in quanto riduce la secrezione di insulina (1,4 unità/l di sangue).
In conclusione, in fase 3, un bicchiere (10 cl) di vino durante il pasto può essere assunto tranquillamente senza influire negativamente sui processi di dimagrimento. È comunque importante abbinarlo a carni magre o a pesce.
Un bicchiere di vino anche come aperitivo non ostacola la perdita di peso.
È molto importante tuttavia non abbinarlo a formaggi, ma a verdure, olive o pesce.

Atteggiamento mentale e trasgressione

L'atteggiamento mentale è di peculiare importanza per il conseguimento di tutti i nostri obiettivi. Raggiungere il peso forma è senz'altro una meta. Justwellness® aiuta a costruire l'atteggiamento mentale giusto. La chiave del successo consiste poi nell'impadronirsi del concetto di trasgressione, utilizzandolo a proprio favore. Va detto che Justwellness® non è la classica dieta con un inizio e una fine. Non rende necessario pesare i cibi, usare alimenti *light*, condimenti particolari, metodi di cottura complessi, non crea problemi nello stare insieme con gli altri. Il sistema dell'indice glicemico permette di soddisfare gusto ed emozioni.

Dopo qualche settimana di adozione del nuovo regime alimentare, vi accorgerete di aver acquisito abitudini nutrizionali che non vorrete più disattendere per due motivi. Prima di tutto perchè vi sentirete bene fisicamente e poi perchè non vi sentirete più dipendenti dal cibo. Siete voi a gestire quello che mangiate e non viceversa.

Il cibo tornerà a essere un premio. Nel momento in cui avvertirete il bisogno di gratificarvi, godetevi senza remore un piatto di quello che vi piace di più. Potete farlo. Parte integrante del metodo Justwellness® è imparare il concetto di "libertà alimentare".

Con la fase 1 avete forgiato la vostra volontà senza accorgervene. In fase 2 iniziate a lavorare sulla trasgressione, ad accettarla prima e in seguito a gestirla.

La vita di oggi ci porta spesso fuori casa, le persone si incontrano frequentemente per "mangiare fuori". Il cibo è dunque un momento di incontro.

Noi facciamo abitualmente tre pasti principali in un giorno che, moltiplicati per sette giorni alla settimana, diventano ventuno. Se di questi ventuno due o tre li dedichiamo alla trasgressione e i restanti al nostro benessere, rimarremo sempre in forma.

Dopo un pasto libero, è importante seguire di nuovo per un giorno la fase 1.

Non esiste una regola per trasgredire, non esiste una quantità fissa di volte per trasgredire.
La trasgressione è tale in quanto libera. Se ci fosse una prescrizione non sarebbe trasgressione.
Trasgredire significa, appunto, in senso etimologico, "andare di là", disobbedire a ciò che è stato comandato, andare oltre i precetti.
La regola è nel dopo. Il vostro nuovo atteggiamento mentale è "imparo a gestire le mie trasgressioni".
In passato è probabile che vi sia successo di iniziare una dieta fino al giorno nel quale avete trasgredito e allora avete abbandonato, perché vi siete detti: "ieri ho trasgredito, lo faccio anche oggi e da domani ricomincio la dieta". Purtroppo questo inizio è stato rinviato giorno dopo giorno.
Tale atteggiamento mentale è decisamente negativo e sta alla base dell'insuccesso di molte diete.
Adesso invece il vostro atteggiamento mentale è "accetto di trasgredire e continuo nel mio percorso".
Pensate così e raggiungerete il vostro successo.

Justwellness® e D'Adamo

Attorno agli anni '50 del secolo scorso il dottor James D'Adamo, naturopata, notò che alcune persone, pur seguendo diete scrupolosamente vegetariane e povere di grassi, non solo non riuscivano a trarne sufficienti benefici, ma addirittura peggioravano le loro patologie.
Giunse così alla conclusione che dovevano esistere motivi che rendevano un cibo utile o inutile per una persona, indipendentemente dai fattori dietetici conosciuti. Con un lungo lavoro di ricerca, D'Adamo scoprì che i vari alimenti hanno caratteristiche proprie che li rendono più o meno amici dei vari gruppi sanguigni. Pubblicò dunque nel 1980 il volume *One Man's Food*. Questo testo divenne il punto di partenza per le recenti ricerche di suo figlio, il dottor Peter J. D'Adamo, che arrivò alla conclusione secondo la quale per ogni gruppo sanguigno certi alimenti possono essere consigliati, indifferenti, o da evitare.
La spiegazione di questi risultati risiede nelle lectine, proteine contenute nei vari alimenti. Queste sostanze hanno proprietà agglutinanti che si esprimono nel sangue. Sono contenute sia negli alimenti, sia nelle cellule del nostro organismo. Spesso le lectine di virus e batteri sono simili agli antigeni dei gruppi sanguigni e inoltre molte lectine di derivazione alimentare presentano caratteristiche simili a quelle degli antigeni dei gruppi sanguigni, comportandosi come nemici nelle persone che possiedono anticorpi diretti contro quello specifico antigene. Il latte, per esempio, possiede lecti-

All'interno del metodo Justwellness® il lavoro di D'Adamo è stato basilare in quanto, utilizzando i suoi suggerimenti sui cibi da adottare insieme al computo degli indici glicemici, si ottengono risultati straordinari, sia sulla perdita di peso, sia sul generale stato di benessere, soprattutto dal punto di vista energetico.

ne simili all'antigene B; se una persona con il sangue di tipo A ne beve un po', il suo sistema immunitario metterà subito in moto i meccanismi di agglutinazione nel tentativo di eliminarlo.
D'Adamo ha classificato tre livelli di agglutinazione e, in base a questi, ha creato tre gruppi di cibi consigliati, indifferenti o da evitare. Si consiglia di utilizzare questi livelli nelle tre fasi del metodo, scegliendo cibi tra i consigliati e gli indifferenti in fase 1 e 2. Durante la 3, si possono anche scegliere cibi della colonna tre. Ricordate la trasgressione?

La specie umana e i gruppi sanguigni

Il gruppo 0 è il più antico, il basilare, quello degli antenati predatori ai quali le proteine della carne fornivano tutta l'energia di cui avevano bisogno.
Il gruppo 0 possiede un sistema immunitario forte e reattivo. Circa il 40% della popolazione europea è di gruppo 0, un gruppo che non si adatta molto ai cambiamenti ambientali e nutrizionali repentini e che sta meglio se pratica una attività fisica intensa e regolare. Se siete di questo gruppo cercate di:
1. limitare l'assunzione di cereali, in particolare di frumento;

2. scegliere pesce e carni magre, cercando di limitare i salumi e le carni conservate;
3. limitare il consumo di latte e latticini, derivanti da ovini e caprini;
4. mangiare molta frutta lontano e prima dei pasti e verdura condita con olio extra-vergine di oliva;
5. non eccedere con caffè, tè ed evitare bevande gassate o a base di cola;
6. limitare gli alcolici a mezzo bicchiere di vino per pasto.

Il gruppo A nelle origini appartiene all'epoca neolitica, durante la quale l'uomo inizia a diventare stanziale, a coltivare i campi, ad addomesticare gli animali, a costruire villaggi. La produzione di cereali e lo stile di vita in gruppi abitativi socialmente organizzati e coesi modificano l'alimentazione e contemporaneamente il sistema immunitario. Circa il 40% della popolazione europea è di gruppo A.
Le persone con questo gruppo sanguigno sono caratterizzate da una grande capacità di adattamento, sebbene abbiano un apparato digerente fragile e un sistema immunitario non molto efficiente. Stanno bene praticando attività fisiche rilassanti, come lo yoga.
Se siete di questo gruppo cercate di:
1. mangiare molta frutta, prima o lontano dai pasti;
2. preferire un tipo di dieta quasi vegetariana: frutta, verdura, legumi, cereali, ma limitare il consumo di prodotti a base di farina di frumento;
3. preferire il pesce alla carne, che deve essere di piccolo animale;
4. mangiare semi oleosi e frutta secca, sempre lontano dai pasti;
5. evitare cibi precotti, industriali e insaccati.

Il gruppo B si evidenziò nei villaggi delle zone fredde e montagnose, soprattutto del Pakistan e dell'India. Quel tipo di uomo divenne pastore, nomade e bellicoso per difendere il proprio gregge. Utilizzò in prevalenza una alimentazione di prodotti derivati da latte di ovini e caprini.

Il gruppo B non è molto diffuso in Europa. Appartiene al 15% della popolazione.

La sua origine recente comporta caratteristiche migliori rispetto agli altri gruppi. L'apparato digerente dei soggetti di gruppo B è, infatti, particolarmente efficiente e possiede grandi capacità di adattamento.

Se siete di questo gruppo cercate di:

1. mangiare in modo differenziato;

2. prediligere latte e latticini derivanti da ovini e caprini, rispetto al latte vaccino (di mucca) e ai suoi derivati;

3. consumare preferibilmente carni magre di piccolo animale;

4. mangiare pesce, evitando frutti di mare di qualsiasi tipo;

5. prediligere la verdura a foglia e consumare molta frutta prima o lontano dai pasti;

6. cercare di non esagerare con i prodotti a base di frumento e con frutta secca e semi oleosi.

Il gruppo sanguigno AB è il più raro e il più equilibrato, avendo ereditato il patrimonio di tolleranze di entrambi i tipi A e B. In Europa appartiene al 5% della popolazione ed è il più giovane essendo comparso non più di mille anni fa. I soggetti con gruppo AB presentano un apparato digerente piuttosto debole e un sistema immunitario abbastanza vulnerabile. Stanno bene praticando una moderata attività fisica.

Se siete di questo gruppo cercate di:

1. evitare le carni rosse, preferendo pesce e frutti di mare che possiedono un apparato digerente;

2. limitare l'uso di prodotti a base di farina di frumento, preferendo il riso;

3. utilizzare latte e latticini di ovini e caprini ed evitare il latte vaccino;
4. abbondare con la frutta (prima dei pasti) e con la verdura, utilizzando poco olio extra vergine di oliva;
5. bere moderatamente vino, caffè, tè verde.

L'uso del sistema alimentare del dottor Peter J. D'Adamo non è ancora stato accettato dalla comunità scientifica, nonostante la sua divulgazione in tutto il mondo. La sperimentazione in realtà è stata fatta alla Bastyr University di Seattle (USA), la più grande università di medicina naturale del mondo.

Ci auguriamo che presto il valore delle scoperte di D'Adamo venga riconosciuto in modo ufficiale.

Questi studi, introdotti nel metodo Justwellness®, sono stati realizzati per trarre il massimo utilizzo biochimico, e di conseguenza energetico, dall'alimento.

Per perdere chili e raggiungere il peso forma occorre dunque associare la parte del metodo che lavora con gli indici glicemici con quella che considera l'appartenenza al gruppo sanguigno.

Seguono le tabelle degli alimenti consigliati, indifferenti, da evitare per ogni gruppo sanguigno.

GRUPPO SANGUIGNO O

Le persone con gruppo sanguigno 0 stanno bene seguendo un'alimentazione ricca di proteine animali e un'attività fisica intensa. Non tollerano bene i prodotti contenenti glutine e i prodotti caseari. Hanno benefici utilizzando prodotti ricchi di iodio in quanto hanno una tiroide "pigra".

CONSIGLIATO	INDIFFERENTE	DA EVITARE
	Carne	
Agnello, Fegato, Manzo, Vitello	Anatra, Pollo, Coniglio, Tacchino, Fagiano	Maiale, Oca, Salumi in genere
	Pesce	
Sogliola, Merluzzo, Nasello, Pesce Spada, Persico, Salmone, Sardine, Sgombro, Trota	Acciughe, Anguilla, Calamari, Carpa, Cernia, Crostacei, Frutti di mare, Tonno	Aringa, Caviale, Polpo, Pesce Gatto, Salmone affumicato
	Latte, latticini e uova	
Nessuno Utilizzare 4/5 uova alla settimana e piccole quantità di latticini	Burro, Feta, Fiocchi di latte, Formaggio di capra, Mozzarella, Formaggio di soia e Latte di soia (ottima alternativa ai prodotti caseari)	Tutti gli altri tipi di formaggi, Gelato, Latte, Latte di capra, Yogurt, Ricotta, Parmigiano
	Oli e grassi	
Olio di semi di lino, Olio di oliva	Nessuno	Olio di arachidi, Olio di mais

CONSIGLIATO	INDIFFERENTE	DA EVITARE
	Semi e frutta secca	
Noci, Semi di zucca	Mandorle, Castagne, Pinoli, Margarina, Semi di girasole, Semi di sesamo, Nocciole	Anacardi, Pistacchi, Semi di papavero, Arachidi, Burro di arachidi, Noci Brasiliane
	Legumi	
Fagiolini, Fagioli Azuki	Ceci, Fagioli (cannellini, nani, rossi, neri, verdi), Fave, Piselli, Soia	Fagioli bianchi, Fagioli di Spagna, Lenticchie
	Cereali	
Nessuno	Riso, Farro, Miglio, Orzo, Grano Saraceno	Frumento, Avena, Mais, Germe di grano, Semola di frumento
	Ortaggi	
Bietole, Broccoli, Carciofi, Cicoria, Cipolle, Lattuga, Peperoni rossi, Porro, Rafano, Prezzemolo, Rape, Scarola, Spinaci,Verza, Zucca	Asparagi, Barbabietole, Cetrioli, Ravanelli, Zucchine, Sedano, Peperoni, Radicchio, Pomodori	Funghi, Cavolo, Cavolini di Bruxelles, Cavolfiori, Melanzane, Olive nere, Mais Patate, Capperi, Noce moscata, Vaniglia
	Frutta	
Fichi freschi e secchi, Prugne fresche e secche	Albicocche, Ananas, Anguria, Banane, Cachi, Ciliegie, Datteri, Kiwi, Lamponi, Limoni, Mele, Melone, Mirtilli, Pere, Pesche, Pompelmo, Uva	Arance, Avocado, Fragole, Mandarini, More, Noce di cocco, Rabarbaro
	Bevande	
Acqua Succo di (ananas, prugne, ciliegie nere)	Birra, Tè verde, Vino (bianco, rosso) Succo di (albicocche, carote, mirtilli, pomodoro, pompelmo)	Super alcolici, Bibite (anche *light*), Caffè, Tè nero, Caffè decaff., Tè det., Aceto (di mele, di vino, balsamico), Succo d'arancia e di mele

GRUPPO SANGUIGNO A

Le persone con gruppo sanguigno A stanno bene seguendo un'alimentazione basata sul consumo di cibi naturali, freschi, e a basso tenore di grassi. Avendo i succhi gastrici poco acidi, è meglio per loro evitare un'alimentazione ricca di proteine animali. Non tollerano bene i latticini che determinano un rallentamento del metabolismo. Reagiscono meglio allo stress praticando attività rilassanti (yoga, tai chi, ecc.).

CONSIGLIATO	INDIFFERENTE	DA EVITARE
	Carne	
Nessuno	Pollo, Tacchino	Agnello, Coniglio, Anatra, Oca, Fagiano, Manzo, Vitello, Maiale, Fegato, Cuore, Insaccati (salame, prosciutto, mortadella, würstel)
	Pesce	
Merluzzo, Persico dorato, Salmone, Sardine, Sgombro, Trota, Carpa, Cernia, Lumache di mare	Palombo, Pesce Spada, Spigola, Storione, Tonno, Trota salmonata	Acciughe, Anguilla, Cozze, Gamberi, Aragosta, Crostacei, Frutti di Mare, Aringa, Calamari, Caviale, Granchi, Nasello, Ostriche, Polpo, Salmone affumicato, Sogliola, Vongole
	Latte, latticini e uova	
Formaggio di soia e Latte di soia (ottima alternativa ai prodotti caseari)	Feta, Fiocchi di latte, Formaggio di capra, Mozzarella magra, Ricotta magra, Yogurt magro, Yogurt alla frutta, Gelato allo yogurt	Tutti gli altri tipi di formaggi, Gelato, Latte intero, Latte scremato, Parmigiano
	Oli e grassi	
Olio di semi di lino, Olio di oliva		Olio di arachidi, Olio di mais

CONSIGLIATO	INDIFFERENTE	DA EVITARE
	Semi e frutta secca	
Arachidi, Burro di arachidi, Semi di zucca	Castagne, Mandorle, Nocciole, Noci, Pinoli, Semi di girasole, di papavero e di sesamo	Anacardi, Pistacchi, Noci Brasiliane
	Legumi	
Fagioli Azuki, Fagioli (verdi, neri), Lenticchie	Fagioli cannellini, Fagiolini, Fave, Piselli	Ceci, Fagioli (bianchi, rossi, di Spagna)
	Cereali	
Grano saraceno	Farro, Miglio soffiato, Orzo, Riso soffiato, Crusca d'avena, Farina (d'avena, di mais, di riso)	Crusca di frumento, Farina di frumento 00, Germe di grano, Semola di frumento, Muesli
	Ortaggi	
Aglio, Bietole, Broccoli, Carciofi, Carote, Cavolo verde, Cavolo rapa, Cicoria, Rafano, Cipolla, Lattuga, Porro, Prezzemolo, Rape, Scarola, Spinaci, Verza, Zucca	Asparagi, Barbabietole, Avocado, Cetrioli, Cavolfiore, Cavolini di Bruxelles, Ravanelli, Finocchi, Mais, Olive verdi, Zucchine, Sedano, Radicchio, Rucola, Scalogno	Cavolo bianco e rosso, Peperoni (gialli, rossi, verdi), Funghi, Pomodori, Olive nere, Patate (bianche, dolci, rosse), Melanzane, Peperoncino
	Frutta	
Albicocche, Ananas, Ciliegie, Fichi (freschi e secchi), Limoni, Mirtilli, More, Pompelmo, Prugne (gialle, nere, rosse, secche), Uva sultanina	Anguria, Cachi, Datteri, Fichi d'India, Kiwi, Fragole, Lamponi, Lime, Mele, Melone, Melagrana, Pere, Pesche, Ribes (nero e rosso), Uva (bianca, nera, rossa)	Arance, Banane, Mandarini, Noce di cocco, Mango, Papaia
	Bevande	
Acqua, Succhi di frutta e verdura (albicocche, ananas, carote, ciliegie, pompelmo, prugne, sedano), Caffè normale e deca, Tè verde, Vino rosso	Succhi di verdura (degli ortaggi consentiti), Vino bianco	Succo d'arancia (papaja e pomodoro), Bibite dietetiche e a base di cola, Birra, Liquori, Tè nero

GRUPPO SANGUIGNO B

Le persone con gruppo sanguigno B stanno bene seguendo un'alimentazione molto bilanciata che include una grande varietà di alimenti. Non tollerano facilmente i prodotti a base di frumento che influiscono negativamente sul metabolismo. Necessitano di un equilibrio tra attività mentale e fisica per conservare la linea e sentirsi pieni di energia.

CONSIGLIATO	INDIFFERENTE	DA EVITARE
	Carne	
Agnello, Coniglio	Tacchino, Fagiano, Fegato, Manzo, Vitello	Anatra, Oca, Pollo, Quaglia, Maiale, Cuore, Salumi in genere
	Pesce	
Merluzzo, Salmone, Sgombro, Trota, Nasello, Sogliola, Storione, Sardine, Caviale, Cernia	Aringa, Calamari, Carpa, Palombo, Persico dorato, Pesce Spada, Tonno, Trota	Acciughe, Anguilla, Cozze, Gamberi, Frutti di Mare, Ostriche, Polpo, Salmone affumicato, Vongole, Spigola, Crostacei
	Latte, latticini e uova	
Feta, Fiocchi di latte, Formaggio di capra, Formaggio fresco magro, Gelato allo yogurt, Latte di capra scremato, Latte scremato, Mozzarella, Ricotta, Yogurt, Yogurt alla frutta	Brie, Burro, Formaggio di soia, Latte di soia, Camembert, Edam, Emmental, Formaggini, Latte intero, Parmigiano, Tomini, Provolone	Gelato, Gorgonzola, Salatini al formaggio
	Oli e grassi	
Olio di oliva	Olio di semi di lino	Olio di arachidi (mais, girasole e sesamo)

CONSIGLIATO	INDIFFERENTE	DA EVITARE
	Semi e frutta secca	
Nessuno	Castagne, Mandorle, Noci	Anacardi, Arachidi, Burro (di arachidi, girasole e sesamo) Nocciole, Pinoli, Semi (di girasole, papavero, zucca e sesamo), Pistacchi
	Legumi	
Fagioli bianchi, Fagioli di Spagna, Soia rossa	Fagioli (cannellini, rossi, verdi), Fagiolini, Fave, Piselli	Ceci, Fagioli (azuki, neri), Lenticchie, Tofu
	Cereali	
Crusca d'avena, Crusca di riso, Farina d'avena, Farro, Miglio, Riso soffiato	Farina di frumento comune, Farina di riso, Muesli	Crusca di frumento, Farina di frumento 00, Farina di mais, Grano saraceno, Orzo, Segale
	Ortaggi	
Barbabietole, Bietole, Broccoli, Carote, Cavolfiore, Cavolini di Bruxelles, Cavolo (verde, bianco, rosso), Melanzane, Patate dolci, Peperoni (gialli, rossi, verdi), Prezzemolo, Verza	Asparagi, Aglio, Cetrioli, Cavolo, Rapa, Cicoria, Porri, Cipolle (rosse, gialle, verdi), Finocchi, Funghi, Indivia, Lattuga, Patate (bianche e rosse), Zucchine, Sedano, Radicchio, Rucola, Scalogno, Spinaci	Carciofi, Mais, Pomodori, Ravanelli, Zucca, Olive, Pepe
	Frutta	
Banane, Ananas, Papaia, Prugne (nere, gialle, rosse), Uva (bianca, nera, rossa)	Albicocche, Anguria, Arancia, Ciliegie, Fichi, Kiwi, Fragole, Lamponi, Limoni, Mele, Melone, Mandarini, Mirtilli, More, Pere, Pesche, Pompelmo, Ribes (nero e rosso), Uva (spina, sultanina)	Avocado, Cachi, Fichi d'India, Melagrana, Noce di cocco
	Bevande	
Tè verde, Acqua, Succhi di ananas, mirtilli, papaia	Succhi di verdura (di ortaggi consentiti), Vino, Birra, Caffè, Tè nero, Caffè deca, Succhi di Frutta	Acqua (di selz, di soda), Succo di pomodoro, Bibite (dietetiche, frizzanti e a base di cola), Liquori

Gruppo Sanguigno AB

Le persone con gruppo sanguigno AB devono seguire un'alimentazione particolare in quanto la maggior parte dei cibi dannosi per le persone con gruppo sanguigno A e per quelle con gruppo sanguigno B lo sono probabilmente anche per loro. Non tollerano bene la carne a causa della bassa acidità gastrica. Reagiscono meglio allo stress con la vivacità fisica e l'energia creativa.

CONSIGLIATO	INDIFFERENTE	DA EVITARE
	Carne	
Agnello, Coniglio, Tacchino	Fagiano, Fegato	Anatra, Oca, Pollo, Quaglia, Maiale, Cuore, Salumi, Manzo, Vitello
	Pesce	
Merluzzo, Salmone, Nasello, Storione, Sardina, Trota , Tonno	Aringa, Calamari, Carpa, Caviale, Cozze, Ombrina, Palombo, Persico dorato, Pesce Spada, Sogliola	Acciughe, Anguilla, Aragosta, Gamberi, Granchi, Ostriche, Polpo, Salmone affumicato, Vongole, Spigola
	Latte, latticini e uova	
Feta, Fiocchi di latte, Formaggio di capra, Formaggio fresco magro, Latte di capra scremato, Mozzarella, Ricotta, Yogurt	Edam, Emmental, Formaggini, Formaggio di soia, Latte di soia, Latte scremato, Salatini al formaggio	Brie, Burro, Gelato, Gorgonzola, Camembert, Latte intero, Parmigiano, Provolone, Siero di latte
	Oli e grassi	
Olio di oliva	Olio di semi di lino e di arachidi	Olio di girasole, mais e sesamo

CONSIGLIATO	INDIFFERENTE	DA EVITARE
	Semi e frutta secca	
Arachidi, Burro di arachidi, Noci, Castagne	Anacardi, Mandorle, Pinoli, Pistacchi	Nocciole, Burro (di girasole e sesamo), Semi (di girasole, papavero, zucca e sesamo)
	Legumi	
Fagioli bianchi, Fagioli rossi, Lenticchie, Soia rossa	Fagiolini, Fagioli (cannellini, verdi), Piselli, Tamarindo, Fave	Ceci, Fagioli (azuki, neri, dall'occhio, di Spagna)
	Cereali	
Crusca d'avena, Crusca di riso, Farina d'avena, Farro, Miglio, Riso soffiato	Farina di frumento comune, Farina di frumento 00, Farina di riso, Muesli, Orzo, Germe di grano	Farina di granoturco, Fiocchi di granoturco, Grano saraceno
	Ortaggi	
Aglio, Cavolfiore, Patate dolci, Barbabietole, Bietole, Broccoli, Cavolo verde, Cetrioli, Prezzemolo, Melanzane, Sedano, Verza	Asparagi, Bietole, Carote, Cavolini di Bruxelles, Cavolo, Cicoria, Cipolle, Pomodori, Spinaci, Zucca, Zucchine, Porro, Radicchio, Rafano, Patate, Lattuga, Rucola, Olive (verdi, greche), Funghi, Rape, Finocchi	Carciofi, Mais, Olive nere, Peperoncino, Peperoni, Pepe
	Frutta	
Ananas, Mirtilli, Pompelmo, Ciliegie, Uva (nera, rossa, verde, spina), Kiwi, Fichi, Prugne (nere, rosse, verdi), Limoni	Albicocche, Anguria, Lime, Pere, Fragole, Mandarini, Pesche, Lamponi, Mele, Prugne secche, Melone, More, Uva sultanina, Ribes	Arancia, Melagrana, Fichi d'India, Banane, Avocado, Cachi, Mango, Noce di cocco
	Bevande	
Tè verde, Caffè, Succo (di carote, sedano, uva, ciliegie), Acqua	Succhi (di verdura consentiti), Vino (bianco, rosso), Birra, Acqua (di selz, di soda)	Succo d'arancia, Bibite (dietetiche, frizzanti e a base di cola), Liquori, Tè nero

Crudismo, nuova moda o stile di vita?

L'uomo ha cotto il cibo per migliaia di anni, malgrado sia biologicamente e fisiologicamente "programmato" per mangiare senza l'uso del fuoco, come tutti gli animali.

Il calore modifica la struttura molecolare del cibo, rendendo i nutrimenti meno utilizzabili. Gli alimenti cotti e denaturati, soprattutto quelli industriali, sono meno digeribili del cibo crudo. Tutto quello che consumiamo e che non può essere digerito o immagazzinato deve essere eliminato dal corpo come materiale di rifiuto. Assumere abitualmente cibi denaturati produce talmente tante scorie che gli organi di eliminazione non riescono a compiere adeguatamente il loro lavoro. Tale processo di accumulazione provoca un generale stato di intossicazione dell'organismo, che spesso è causa dell'insorgenza di patologie. Nessun altro animale a eccezione degli esseri umani (e degli animali che l'essere umano ha addomesticato) soffre di tanti problemi di salute e malattie. Nel crudismo si utilizza frutta (75%-80%), verdure (10%-20%) – in particolare sono fondamentali quelle a foglia verde – e un 5% di noci o semi. Sicuramente questo ha una logica. Molte correnti di pensiero non condividono le regole che stanno alla base del crudismo, in quanto questa forma di alimentazione manca di una quota di proteine animali, a parere di molti esperti indispensabili sin dalla nascita. Il latte materno, per esempio, ne contiene dal 2% al 4%. Va in ogni caso consigliato, tuttavia, qualche giorno di alimentazione crudista in qualsiasi dieta. Si tratta, in fondo, di una bella esperienza di purificazione e di energia: due giorni a settimana di crudismo specialmente in fase 3 aiutano a mantenere il peso forma.

Indice glicemico e gravidanza

Durante il periodo della gravidanza la principale regola consiste nel nutrirsi in modo equilibrato per quantità e qualità. Nei primi tre mesi non è necessaria alcuna variazione quantitativa dell'alimentazione abituale. Dal terzo mese, usando il criterio delle calorie, è sufficiente aumentare di 200 calorie al giorno la propria consueta dieta. Va contestualmente incrementato invece il fabbisogno proteico. Le proteine hanno indice glicemico 0, quindi non influiscono sul peso corporeo. L'aumento di 200 calorie sarà prodotto da cereali (indice glicemico inferiore a 50), pane e pasta integrale, legumi e frutta. Si consiglia di verificare le indicazioni contenute nelle tabelle dei gruppi sanguigni, prediligendo gli alimenti "consigliati o indifferenti".

Si consiglia inoltre di inserire nell'alimentazione di tutti i giorni cibi integrali che, oltre ad avere un indice glicemico basso, hanno proprietà biologico-nutritive in vitamine, proteine, sali minerali, superiori a quelle degli alimenti raffinati. Stimolando la peristalsi intestali grazie alle fibre contenute, aiutano la futura mamma a prevenire eventuali problemi di stitichezza.

Alimenti consigliati

Elenchiamo qui di seguito una serie di cibi consigliati e sconsigliati dai ginecologi.
Latte e yogurt magri, formaggio magro, carne, pollo, tacchino, palombo, sogliola, merluz-

zo, dentice, seppie, bieta, zucchine, asparagi, spinaci, porri, cipolle, pomodori, peperoni.

Alimenti da escludere

Carni fritte con grassi cotti, formaggi stagionati, tonno e sardine in scatola, acciughe, sgombri, cefali, salmone, anguilla, caviale, salumi, insaccati, panna, creme o dolci in genere.

Le donne vegetariane che includono nella loro dieta i latticini e il pesce, non dovrebbero andare incontro a carenze nutrizionali.

Si suggerisce loro di controllare anche gli alimenti ricchi di calcio e di ferro (vedi pagine 62-63).

Le donne vegetaliane, invece, che si nutrono esclusivamente di prodotti di origine vegetale, necessitano di un'integrazione di proteine, ferro, acido folico, zinco e vitamina B12. Per tutte è consigliabile bere mezzo bicchiere di vino ai pasti e soprattutto bere almeno 1 litro di acqua al giorno in inverno e 1 litro e mezzo in estate.

L'alimentazione dei bambini

Durante l'infanzia l'alimentazione assume una particolare importanza in quanto, se i bambini imparano a mangiare bene da piccoli, raggiungeranno l'età adulta in progressivo e costante benessere, senza problemi di conflitto con il cibo.
Il bambino non nasce con problemi digestivi e soprattutto non nasce in sovrappeso; mantenerlo in uno stato di benessere dovrebbe essere semplice.
La sua alimentazione deve essere varia, poichè, se eterogenea, evita che si creino intolleranze ed educa il bambino a mangiare di tutto.
Il bambino deve imparare, fin da piccolo, a mangiare frutta, verdura e pesce. Educatelo a fare uno spuntino a metà mattino e una merenda a metà pomeriggio. Insegnategli a preferire il pane integrale e a mangiare i dolci solo per festeggiare i compleanni, per le occasioni speciali o almeno quando si trova in compagnia.
Evitate che mangi snack e "cibo spazzatura". La merenda è preziosa: è il momento durante il quale inserire frutta, yogurt, marmellate al fruttosio su pane integrale, noci e mandorle. Anche per i bambini è valido controllare il sistema dei gruppi sanguigni e degli indici glicemici. Introducete subito lo sport nelle loro giornate come pratica di vita. Si dice, appunto, che il mostro della pigrizia vada soppresso quando è piccolo.

Latte e latticini

Il latte vaccino spesso crea problemi di intolleranza. I bambini, comunque, sono sempre seguiti dal pediatra che è esperto nel riconoscere le patologie infantili. Si consiglia di sostituire il latte di mucca con

quello di soia (IG 30): non contenendo grassi, può essere assunto anche da chi è intollerante al latte vaccino. L'apporto nutritivo di calcio e di proteine può essere ricavato da altri alimenti, come carne, pesce e formaggi come il parmigiano stagionato oltre i 24 mesi o la ricotta di siero, che non contengono lattosio. È consigliabile qualche yogurt e, una o due volte alla settimana, mozzarella o formaggi freschi. Sconsigliato il latte di riso in quanto contiene poche proteine e ha un indice glicemico elevato.

Legumi

Sono da inserire nella dieta almeno tre o quattro volte alla settimana, insieme alla pasta (IG 45/50) o al riso (IG 50, basmati o integrale). Così associati, costituiscono un pasto completo, dopo il quale, in genere, non è necessario associare un ipotetico secondo.

Carne

È da consumare tre o quattro volte alla settimana, alternando le carni bianche (pollo e tacchino) a quelle rosse (manzo, vitello).

Pesce

È da inserire nel menù almeno tre o quattro volte. È possibile utilizzare sia quello fresco, sia quello surgelato.

Uova

Sono da consumare due volte alla settimana, come frittata con verdure, o sode.

Insaccati

Devono essere dosati: è meglio mangiarli non più di una volta alla settimana poichè contengono troppi grassi e troppo sale, per non parlare di quelli di qualità scadente e imbottiti di conservanti.

Dolciumi, patatine e pop corn

Le cosiddette "merendine", i biscotti, le caramelle, le patatine e i pop-corn sono alimenti da limitare in modo drastico. Ogni tanto sono consentiti ma, poichè purtroppo molti bambini sono abituati a mangiare solo questi alimenti, il rischio di obesità e di patologie collegate a cui vanno incontro è elevatissimo. Il gelato invece è un alimento sano, ma corrisponde a un pasto.

Acqua e altre bevande

Insegnate ai bambini a bere molta acqua, lontano dai pasti. Durante i pasti è sufficiente un bicchiere di acqua non gassata. Vino, birra, caffè non devono mai essere dati ai bambini.

Condimenti

Utilizzate come condimento l'olio extravergine di oliva, al posto di burro o margarina. I cibi fritti vanno evitati. Insegnate ai vostri figli a usare poco sale. Il sale è già presente nei cibi.

La tabella degli indici glicemici

Il calcolo dell'indice glicemico (IG) di un alimento è sempre approssimativo e può variare di qualche punto. In tante tabelle troverete i simboli + o – e una cifra indicativa a fianco. In questo libro indichiamo il valore medio di ogni alimento, considerando quel valore come sostanzialmente orientativo: due o tre punti di differenza non incidono sulla qualità e sul valore del lavoro da noi svolto nelle tre fasi del metodo Justwellness®. Nella tabella degli indici glicemici i valori hanno come riferimento il valore 100 assegnato al glucosio. Forniamo anche due tabelle di alimenti contenenti calcio e ferro, che possono essere inseriti o assunti in maggiori quantità durante le tre fasi della dieta, se si riscontrano carenze.

- *Indici glicemici bassi: < 35*
- *Indici glicemici medi: tra 35 e 50*
- *Indici glicemici alti:> 50*

Alimenti contenenti ferro

	mg/100g		mg/100g		mg/100g
CARNE		PESCE		LEGUMI	
Bovini	2-4	Baccalà	3	Ceci	6,5
Fegato di maiale	15	Caviale	11	Lenticchie	8
Fegato di manzo	9	Cozze	6	Lupini	5,5
Pollame	1-2	Scorfano	5	Piselli	4,5
Salsicce	4	Vongole	20		
VERDURA		FRUTTA		SPEZIE	
Cicoria	1,5	Albicocche secche	5	Basilico	5
Fiori di zucca	2	Castagne	3,5	Pepe nero	11
Pomodori	2	Fichi	3	Prezzemolo	4,5
Fichi	3	Olive	3	Rosmarino	8
Radicchio verde	7,5	Pesche secche	6		
Rucola	5	Pistacchi	7		

Alimenti contenenti calcio

	mg/100g		mg/100g		mg/100g
PESCE		LEGUMI		SEMI E FRUTTA SECCA	
Acciughe	150	Cannellini	130	Albicocche secche	90
Calamari	125	Ceci	130	Datteri	75
Caviale	270	Fagioli borlotti	100	Fichi secchi	190
Gamberi	125	Fagiolini	40	Mandorle	250
Ostriche	180	Fave	90	Nocciole	160
Polipo	150	Lenticchie	400	Noci	145
Sgombro	150	Piselli	50	Pistacchi	145
LATTICINI		VERDURE		SPEZIE	
Caciotta	350	Broccoletti	95	Basilico	250
Crescenza	530	Carciofi	85	Pepe nero	420
Fior di latte	160	Cardi	95	Prezzemolo	220
Gorgonzola	400	Cicoria	150	Rosmarino	350
Grana	1170	Rucola	300	Salvia	580
Groviera	1120				
Latte di capra	140				
Latte di mucca (intero)	120				
Latte di mucca (scremato)	120				
Latte di pecora	180				
Mozzarella	480				
Ricotta di mucca	300				
Taleggio	430				
Yogurt	130				

Valori IG

Alimenti	Valore
• Carni di tutti i tipi	0
• Formaggi stagionati	0
• Olio di oliva, di semi, extravergine	0
• Pesce	0
• Salumi e insaccati	0
• Uova	0
• **Crostacei**	**5**
• Spezie e aromi	5
• **Ortaggi verdi**	**<15**
• Anacardi, arachidi, mandorle, nocciole, noci, pistacchi, pinoli	15
• Asparagi	15
• Biete	15
• Broccoli, cavoletti di Bruxelles, cavolfiori, cavoli	15
• Cetrioli	15
• Cipolle, scalogno, porri	15
• Finocchi	15
• Funghi	15
• Germogli di soia e cereali	15
• Insalate	15
• Olive	15
• Peperoni	15
• Ravanelli	15
• Soia	15
• Spinaci	15
• Tofu	15
• Zucchine	15
• **Cacao amaro in polvere**	**20**
• Carciofi	20
• Cioccolato fondente (> 85% cacao)	20
• Fruttosio	20
• Melanzane	20
• Succo di limone senza zucchero	20
• Yogurt di soia naturale	20
• **Ciliegie**	**25**
• Cioccolato fondente (> 70% cacao)	25
• Fragole, lamponi, ribes, mirtilli, more, uva spina	25
• **Aglio**	**30**
• Albicocche	30
• Ricotta fresca di siero	30
• Carote crude	30
• Ceci	30
• Fagioli secchi	30
• Fagiolini	30
• Latte di soia	30
• Latte fresco	30
• Lenticchie brune e gialle	30
• Mandarini, clementine	30
• Marmellata senza zucchero	30
• Pere	30
• Pomodoro	30
• Pompelmo	30
• **Arance**	**35**
• Ceci in scatola	35
• Fagioli bianchi, borlotti, neri, rossi	35
• Fichi freschi	35
• Gelato al fruttosio	35
• Mele, pesche, prugne	35
• Piselli	35
• Riso rosso selvatico e nero canadese	35
• Sedano crudo	35
• Semi di girasole, lino, sesamo, papavero	35
• Yogurt naturale	35
• **Farro integrale**	**40**
• Fave crude	40
• Fichi e prugne secche	40
• Grano saraceno integrale	40
• Kamut integrale	40
• Pane 100% integrale (a lievitazione naturale)	40
• Spaghetti integrali al dente	40
• Succo di carote senza zucchero	40
• **Ananas**	**45**
• Orzo	45
• Pane tostato integrale senza zucchero	45
• Pasta integrale al dente	45
• Piselli in scatola	45
• Spaghetti di grano duro	45
• Succo d'arancia senza zucchero	45
• Succo di pompelmo senza zucchero	45
• Sugo o salsa di pom.	45
• Uva	45
• **Maccheroni di grano duro**	**50**
• Riso basmati	50
• Riso integrale	50
• Succo di ananas senza zucchero	50
• **Biscotti frollini (farina, burro, zucchero)**	**55**

VALORI IG

Alimenti	Valore
• Cioccolato in polvere senza zucchero	55
• Nespole	55
• Senape	55
• **Banane mature**	**60**
• Castagne e marroni	60
• Cioccolato in polvere zuccherato	60
• Gelato classico zuccherato	60
• Melone	60
• Miele	60
• Pane al latte	60
• Pizza	60
• **Ananas in scatola**	**65**
• Barbabietola cotta	65
• Cous-Cous	65
• Mais a chicchi	65
• Marmellata zuccherata	65
• Muesli con zucchero o miele	65
• Sorbetto zuccherato	65
• Uvetta secca	65
• Pane di segale e semintegrale	65
• Pasta all'uovo (tagliatelle)	65
• Patate lessate con la buccia	65
• **Bibite gassate e zuccherate**	**70**
• Biscotti	70
• Brioche	70
• Cereali raffinati zuccherati	70
• Datteri	70
• Fette biscottate	70
• Gnocchi	70
• Mais (farina di)	70
• Pane bianco (baguette)	70
• Patate bollite senza buccia	70
• Patatine - chips	70
• Polenta di mais	70
• Ravioli	70
• Riso bianco comune	70
• Zucchero bianco	70
• **Anguria**	**75**
• Zucca	75
• **Fave cotte**	**80**
• Puré di patate	80
• **Carote cotte**	**85**
• Cornflakes, fiocchi di mais	85
• Farina bianca	85
• Panino per sandwich- toast	85
• Riso a cottura rapida (precotto)	85
• Riso soffiato (gallette di riso)	85
• Sedano cotto	85
• **Pane bianco senza glutine**	**90**
• Patate in fiocchi (istantanee)	90
• **Fecola di patate (amido)**	**95**
• Patate al forno o fritte	95
• **Glucosio**	**100**
• **Birra**	**110**

Nota alle ricette

- *Dove non altrimenti indicato le ricette si intendono sempre per 4 persone.*
- *Per quanto riguarda i primi a base di pasta: la quantità media è di 300-350 g per ogni ricetta.*

LE RICETTE

Antipasti

Antipasti, ma in fondo anche piatti unici da tutto pasto, specialmente in pausa pranzo, per non appesantirsi durante una giornata di lavoro. Rispettano, infatti, esigenze di tipo nutrizionale e gustativo, con un apporto glicemico ideale.

Millefoglie di pomodori alle fave

- 100 g di insalata ricciolina
- 100 g di caprini
- 8 pomodori maturi
- 50 g di fave fresche
- basilico
- 100 g di panna fresca
- sale e pepe q.b.
- olio extravergine di oliva
- aceto di mele

• Spellare i pomodori e tagliarli a fettine rettangolari, salare, lasciar riposare per 10 minuti circa e asciugare.
• Amalgamare la panna semimontata con i caprini, alcune foglie di basilico spezzate, il sale e il pepe; unire anche le fave spellate.
• Preparare il millefoglie alternando fettine di pomodoro e farcia al formaggio.
• Sistemare su foglie d'insalata condita con una vinaigrette composta da olio, un goccio d'aceto di mele, un pizzico di sale.
• Lucidare le fette di pomodoro con olio di oliva e servire.

Preparazione: 15 minuti
Difficoltà: facile
IG: basso (fase 2)

Carpaccio di tomini

• Tagliare i tomini a fettine sottili e sistemarli nei piatti.
• Tagliare a listarelle sottili i peperoni precedentemente grigliati e le fette di melanzane grigliate.

• Distribuire quindi le verdure sul formaggio, spolverare con il prezzemolo tagliato finemente e alcuni dadini di pane integrale.
• Aggiustare di sale e pepe, condire con un filo d'olio.

- 400 g di tomini
- 2 o 3 falde di peperoni
- 2 o 3 fette di melanzane grigliate
- 1 ciuffo di prezzemolo
- 1 fetta di pane integrale
- olio extravergine di oliva
- sale e pepe q.b.

Preparazione: 15 minuti
Difficoltà: facile
IG: medio (fase 3)

Palline di formaggio agli aromi

• Amalgamare bene i tre formaggi e riporre il composto ottenuto in frigorifero per 1/2 ora.
• Formare delle palline e arrotolarle sulle erbe aromatiche mischiate con lo scalogno tritato finemente.
• Infilarle con uno stecchino e sistemarle su un piatto di portata e conservarle in frigorifero fino al momento di servirle.

- 300 g di formaggio cremoso di latte vaccino
- 100 g di formaggio tenero di capra
- 100 g di parmigiano reggiano grattugiato
- prezzemolo
- basilico
- erba cipollina
- scalogno

Preparazione: 30 minuti
Difficoltà: facile
IG: basso (fase 2)

Insalata di bresaola e carciofi all'olio di scalogno

- 200 g di bresaola
- 8 cuori interi di carciofo
- 1 ciuffo di prezzemolo
- 2 piccoli scalogni
- olio extra vergine di oliva
- succo di limone
- sale q.b.

Preparazione: 10 minuti
Difficoltà: facile
IG: basso (fase 1)

• Tagliare a julienne sottilissima i carciofi crudi e adagiarli sul fondo del piatto.
• Distribuirvi sopra le fette di bresaola e condire con l'olio allo scalogno (ottenuto lasciando in infusione per almeno 2 ore lo scalogno nell'olio) e il pepe.
• Decorare con una spolverata di prezzemolo tritato finemente e fettine di carciofo tagliato a spicchi.

Bocconcini di zucchine grigliate

- 8 zucchine
- 100 g di insalata ricciolina
- 1 mazzetto di erba cipollina
- foglie di basilico
- 150 g di feta (formaggio tipico greco)
- 10 olive nere sminuzzate
- olio extravergine di oliva
- sale q.b.

Preparazione: 15 minuti
Difficoltà: facile
IG: basso (fase 2)

• Sminuzzare il formaggio e mescolarlo con tutti gli altri ingredienti, opportunamente tritati.
• Aggiustare di sapore e condire con l'olio.
• Disporre il formaggio sulle fette di zucchine precedentemente tagliate a rondelle e grigliate e sistemarle su un letto di insalata condita con olio e sale.

Tartare di merluzzo

- 300 g di filetti di merluzzo
- 1 ciuffetto di erba cipollina
- 1 ciuffo di prezzemolo
- 1 cetriolo
- 2 pomodori
- 2 limoni
- 1 vasetto di uova di salmone
- 2 tuorli d'uovo
- salsa Worcestershire
- 3 gocce di Tabasco
- olio extravergine di oliva
- sale e pepe q.b.

• Tritare finemente i filetti di pesce precedentemente lessati in poca acqua leggermente salata.
• Irrorarli con il succo di 1 limone, mescolato con 2 gocce di Tabasco, i 2 tuorli d'uovo e un poco di salsa Worcestershire.
• Salare e pepare moderatamente, aggiungere un filo d'olio, l'erba cipollina e il prezzemolo tritati.
• Coprire e lasciare marinare in frigorifero per 2 ore circa.
• Tagliare i pomodori e i cetrioli a cubetti.
• Tagliare a rondelle il limone rimasto, sistemarle in un vassoio.
• Togliere dal frigorifero la tartare di merluzzo, ricavarne una sfera leggermente schiacciata, posizionarvi al centro le uova di salmone, circondarla con le rondelle di limone ricoperte con i cubetti di verdure e condire con un filo d'olio.

Preparazione: 20 minuti
Difficoltà: media
IG: medio (fase 3)

Zucchine grigliate al prosciutto

- 200 g di prosciutto crudo
- 8 fettine di zucchine
- 8 pomodorini datterini
- salsa di pomodoro senza zucchero
- 80 g di burro
- panna di soia
- polvere di senape
- alcune gocce di Tabasco
- pepe e sale q.b.

Preparazione: 15 minuti
Difficoltà: facile
IG: basso (fase 2)

- Stemperare il burro a temperatura ambiente.
- Frullare metà del prosciutto con il burro a pezzettini, la salsa di pomodoro, la polvere di senape miscelata con la panna di soia, il Tabasco e una spolverata di pepe.
- Mettere quindi il composto in un sac a poche e conservare in frigorifero per 2 ore circa.
- Sistemare le zucchine precedentemente grigliate nel piatto, coprirle con la farcia preparata e guarnire con spicchi di pomodoro e rose di prosciutto.
- Impiattare in modo creativo.

Antipasto di avocado

- 2 avocado
- 200 g di gamberetti
- 200 g di peperoni in scatola
- 2 limoni
- olio extravergine di oliva
- sale e pepe q.b.

Preparazione: 15 minuti
Difficoltà: facile
IG: basso (fase 1)

- Dividere gli avocado a metà, estrarre la polpa e tagliarla a cubetti, spruzzarla con succo di limone perché non annerisca.
- Preparare un'emulsione con olio, succo di mezzo limone, sale e pepe e immergervi i gamberetti.
- Tagliare a cubetti i peperoni, e unirli all'emulsione assieme ai pezzetti di avocado.
- Riempire quindi i mezzi avocado con gli ingredienti e servire.

Spuma di mortadella per crostini

- 300 g di mortadella
- 300 g di ricotta
- 40 g di panna liquida
- 20 g di pistacchi
- crostini di pane integrale

• Tritare finemente la mortadella prima a coltello e poi al frullatore.
• Amalgamare la ricotta e i pistacchi e, quando il composto sarà omogeneo, la panna.
• Servire con crostini di pane integrale caldi.

Preparazione: 10 minuti
Difficoltà: facile
IG: medio (fase 3)

Barchette di peperoni al tonno

- 300 g di tonno sott'olio
- 12 falde di peperoni in scatola
- 1 ciuffo di prezzemolo
- qualche filo di erba cipollina
- 300 g di maionese
- olio extravergine di oliva
- sale e pepe q.b.

• Amalgamare la maionese con il tonno sgocciolato; aggiungere il prezzemolo e l'erba cipollina tritati finemente e aggiustare di sale e pepe.
• Con questo composto farcire le falde di peperone.
• Condire con un filo d'olio e servire, guarnendo con insalata.

Preparazione: 10 minuti
Difficoltà: facile
IG: basso (fase 1)

Frittatine al prosciutto con verdure crude e cotte

- 6 uova
- 300 g di prosciutto
- 1 pallina di tartufo nero
- 1 cucchiaio di olio extravergine di oliva
- sale e pepe q.b.

Per il pagliaio di cipolla

- 2 cipolle bianche
- 1 cucchiaio di farina integrale
- 20 g di olio di semi di soia

Per il ripieno della melanzana

- 2 melanzane
- 1 carota
- 1 cetriolo
- 1 cuore di sedano
- 1 cuore di finocchio
- 50 g di maionese

Preparazione: 40 minuti
Difficoltà: facile
IG: basso (fase 3)

- In una ciotola sbattere le uova con pepe e sale.
- Versare il composto in una teglia antiaderente unta con un cucchiaio di olio e cuocerlo in forno a 180 °C per circa 15 minuti.
- A parte tagliare a strisce sottilissime la cipolla, infarinarla con il cucchiaio di farina integrale e friggerla in olio bollente.
- Scolare la cipolla su carta assorbente e formare dei piccoli pagliai.
- Scottare le melanzane intere in forno per 8/10 minuti a 170°C; quindi svuotarle e tagliarle a metà.
- Lavare le verdure.
- Tagliare a cubetti la carota, il cetriolo, il cuore di sedano, il cuore di finocchio e legarli con la maionese.
- Disporre in un vassoio le frittatine, eventualmente tagliate in forma sferica con il coppapasta; disporvi sopra una fetta di prosciutto e una scaglia di tartufo.
- Sul vassoio aggiungere anche i pagliai di cipolla e le melanzane farcite.

Trota salmonata all'olio aromatizzato

- 4 filetti di trota salmonata
- 100 g di insalata mista
- 1 ciuffo di erba cipollina
- 1 scalogno
- 30 g di olive nere
- 1 pizzico di zenzero in polvere
- olio extravergine di oliva
- sale e pepe q.b.

• Pulire l'insalata e sistemarla in un piatto.
• Disporvi sopra le fettine di trota salmonata.
• Preparare quindi una vinaigrette ottenuta emulsionando l'olio con erba cipollina tritata, olive nere sminuzzate, scalogno tritato finemente, zenzero; aggiustare di sale e di pepe.
• Irrorare il piatto con la vinaigrette.

Preparazione: 10 minuti
Difficoltà: facile
IG: basso (fase 1)

Alici marinate con pinoli

- 500 g di alici fresche
- 1 mazzetto di erba cipollina
- 1 mazzo di prezzemolo
- 2 limoni
- 100 g di pinoli
- 4 dl di vino bianco secco
- sale e pepe q.b.

• Aprire le alici a libro togliendo le teste e le lische.
• Tagliare a fettine sottili un limone e sistemarle nel fondo di una pirofila, coprendo con le alici.

• Spolverizzare con la metà dei pinoli e con le erbe aromatiche.
• Continuare a strati fino a esaurimento degli ingredienti, terminando con le erbe aromatiche.
• Salare, pepare e versare il vino e il succo di un limone; coprire con la pellicola trasparente e lasciare marinare in frigorifero per almeno 12 ore.
• Servire disponendo la preparazione nel piatto secondo fantasia, aggiungendo i pinoli rimasti.

Preparazione: 20 minuti
Difficoltà: facile
IG: basso (fase 1)

Primi asciutti con pasta

La pasta di grano duro ha IG 50, integrale IG 45, gli spaghetti di grano duro hanno IG 45, e IG 40 se integrali. La cottura al dente abbassa di 5 punti l'IG. Il riso basmati e quello integrale hanno IG 50, il riso rosso selvatico, 35. **Sostituendo la pasta con le diverse qualità di riso, rimarrete in fase 2.**

Maccheroncini al torchio con merluzzo e cime di rapa

- 250 g di maccheroncini torchietti possibilmente integrali o di soia
- 4 filetti di merluzzo
- 500 g di fiori di broccoli
- 50 g di pomodorini poco maturi
- 2 l di brodo di pesce (in dado)
- 1 scalogno
- 1 spicchio di aglio
- 1 cucchiaio di olio extravergine di oliva
- sale e peperoncino q.b.

Preparazione: 30 minuti
Difficoltà: media
IG: medio (fase 3)

- Scaldare in una padella l'olio, con il peperoncino, l'aglio e lo scalogno.
- Aggiungere i filetti di merluzzo e insaporire di sale.
- Unire i fiori di broccoli, un cucchiaio di fumetto di pesce ottenuto con l'apposito dado e cuocere per qualche minuto.
- Cuocere la pasta nel brodo di pesce, scolarla e saltarla con il merluzzo e le verdure.

Riccioli con vongole e broccoletti

- 500 g di vongole
- 200 g di riccioli di sfoglia o maccheroncini, possibilmente integrali o di soia
- 200 g di broccoletti
- 200 g di cavolfiori
- 4 pomodori maturi
- 2 l di brodo vegetale
- 1 peperoncino
- 1 scalogno
- 2 spicchi di aglio
- olio extravergine di oliva q.b.
- sale, pepe q.b.

• Mettere le vongole in una casseruola con olio extravergine, lo scalogno, un po' di pepe macinato.

• Sbollentare i broccoletti e i cavolfiori. Con metà di questi preparare una crema facendoli stufare con un cucchiaino d'aglio e il brodo vegetale.

• Salare e pepare. Frullare la crema ottenuta con olio extravergine di oliva.

• In un sautè imbiondire con olio extravergine l'aglio e saltare i restanti broccoletti e cavolfiori, aggiungendo un po' di peperoncino.

• Cuocere la pasta al dente, saltarla con una parte della crema, aggiungere le vongole, i broccoletti e i cavolfiori sbollentati precedentemente.

• Impiattare e disporre la crema sulla base del piatto, disporvi sopra la pasta e guarnire con i broccoletti e i filettini di pomodoro maturo.

Preparazione: 25 minuti
Difficoltà: media
IG: medio (fase 3)

Spaghetti freddi con frittura di pesce

- 450 g di spaghetti possibilmente integrali o di soia
- 300 g di pesce misto: calamaretti, triglie, palombo, sogliola
- 8 mazzancolle di media grandezza
- 1 ciuffo di erba cipollina
- sale q.b.

Per la frittura

- 1 pizzico di sale
- farina integrale
- olio di soia

Preparazione: 40 minuti
Difficoltà: media
IG: medio (fase 3)

• Pulire e sgusciare le mazzancolle, togliere la testa, tagliarle a metà nel senso della lunghezza.
• Nella pentola dove poi cuoceranno gli spaghetti, sbollentare rapidamente la polpa delle mazzancolle e le teste, quindi riporle da una parte.
• Infarinare il misto di pesce realizzando un fritto fragrante in abbondante olio di soia.
• Cuocere gli spaghetti; quando sono bene al dente scolarli e raffreddarli in acqua e ghiaccio. Mettere in una boule gli spaghetti, aggiungere le mazzancolle, il fritto e molta erba cipollina tritata.

• Decorare quindi con le teste di mazzancolla.

Fusilli mantecati con platessa pomodoro fresco e rosmarino

- 360 g di fusilli di farina integrale o di soia
- 500 g di filetti di platessa
- 200 g di pomodoro fresco maturo
- 1 scalogno
- prezzemolo q.b.
- 1 rametto di rosmarino
- 30 g di parmigiano reggiano
- sale q.b.

• Far rosolare il rosmarino con l'olio, unire lo scalogno tritato e la platessa.
• Far quindi dorare e bagnare con il vino bianco, lasciare evaporare e unire il pomodoro tagliato a pezzetti.

• Cuocere i fusilli in abbondante acqua salata.
• Mantecare i fusilli lessati nel tegame con la platessa con il parmigiano reggiano e il prezzemolo tritato finemente.

- 1 dl di vino bianco secco
- 1 cl di olio extravergine di oliva

Preparazione: 25 minuti
Difficoltà: media
IG: medio (fase 3)

Penne rivestite di pesce spada affumicato

- 350 g di penne integrali o di soia
- 4 fette di pesce spada affumicato
- 200 g di radicchio costonetto
- finocchio selvatico fresco q.b.
- 4 pomodori Pachino
- 30 g di scalogno
- 250 g di pesto di noci (noci frullate con panna da cucina q.b.)
- 50 g di parmigiano reggiano
- olio extravergine di oliva q.b.
- aceto di mele q.b.
- sale q.b.

• Tagliare il radicchio a julienne (il ciuffetto centrale del radicchio servirà per la decorazione).
• Spadellare separatamente con olio lo scalogno tritato e il radicchio nel quale metteremo una spruzzatina d'aceto di mele.
• Cuocere le penne in acqua bollente salata.
• In un tegame con un cucchiaio d'olio aggiungere le penne lessate e saltarle con la salsa, il radicchio e il pesto di noci.
• Disporre una fetta di pesce spada nel piatto con sopra la pasta condita; richiudere la fetta di pesce spada, decorla con il cuore del radicchio e un pomodorino tagliato in due.
• Condire quindi leggermente con poco olio emulsionato con il finocchio selvatico, il sale e pepe.
• Impiattare e servire la portata ben calda.

Preparazione: 30 minuti
Difficoltà: difficile
IG: medio (fase 3)

Spaghetti alle vongole

- 400 g di spaghetti integrali o di soia
- 500 g di vongole
- 1 mazzetto di prezzemolo
- 1 peperoncino rosso
- 2 spicchi di aglio
- 2 dl di olio extravergine di oliva
- 1/2 bicchiere di vino bianco secco

Preparazione: 30 minuti
Difficoltà: media
IG: medio (fase 3)

• Far aprire le vongole in un tegame con un cucchiaio d'olio; togliere i gusci e mantenere i molluschi nel loro liquido di cottura.
• Mettere in una padella l'olio extravergine di oliva con peperoncino e aglio tritati finemente.
• Quando l'olio inizia a soffriggere, aggiungere le vongole sgusciate con il loro liquido e gli spaghetti.
• Nel primo minuto lasciare prendere il bollore, girare gli spaghetti nell'olio e aggiungere il mezzo bicchiere di vino.
• Aggiungere, man mano che il composto si ritira, dell'acqua salata leggermente.
• A cottura ultimata, aggiustare di sale e aggiungere del prezzemolo tritato finemente.

Mezzemaniche con calamari e contorno di broccoli

• Bollire il broccolo verde in abbondante acqua salata (da conservare).
• Insaporire il broccolo in un tegame con olio extravergine di oliva, rosmarino, aglio e sale.
• Aggiungere un po' d'acqua di cottura dei broccoli e passare il tutto al mixer.
• In un altro tegame soffriggere l'aglio in olio extravergine di oliva fino a dorarlo, aggiungendo peperoncino rosso tritato finemente.
• Unire in questo tegame i calamari tagliati a listarelle, sale, brodo di pesce; toglierli dal fuoco dopo una breve cottura.
• Nel frattempo cuocere la pasta nell'acqua di cottura dei broccoli e scolarla.
• Saltare la pasta nel tegame dei calamari, aggiungere la salsa di broccoli e impiattare.

- 300 g di mezzemaniche integrali
- 300 g di calamari
- 500 g di fiori di broccoli
- 1 rametto di rosmarino
- 2 spicchi di aglio
- 1/2 peperoncino rosso
- 50 cl di brodo di pesce in dado
- 1 cucchiaio di olio extravergine di oliva
- 1 pizzico di sale
- acqua di cottura dei broccoli

Preparazione: 50 minuti
Difficoltà: media
IG: medio (fase 3)

Fusilli al finocchietto selvatico e sarde

- 300 g di fusilli integrali
- 12 sarde
- 50 g di finocchietto selvatico
- 100 g di broccoli a rosette
- 1 spicchio d'aglio
- peperoncino
- 50 g di formaggio pecorino
- olio q.b.
- pangrattato integrale

Preparazione: 40 minuti
Difficoltà: media
IG: medio (fase 3)

• Bollire il finocchietto selvatico precedentemente pulito, lasciando da parte l'acqua di cottura.
• Soffriggere il trito d'aglio e peperoncino, aggiungendo le sarde pulite tagliate a pezzetti; ultimare con il finocchietto sminuzzato.
• Lessare molto al dente la pasta nell'acqua di cottura del finocchietto, leggermente salata.
• In una padella saltare una parte di pangrattato in poco olio.
• Una volta imbrunito, aggiungere la pasta.
• Saltare il tutto con la salsa di sarde.
• Servire i fusilli cosparsi di pangrattato e pecorino in scaglie.

Penne alle zucchine

- 350 g di pennette, meglio se integrali
- 500 g di zucchine
- 100 g di pecorino stagionato
- 3 tuorli d'uovo
- 2 dl di olio extravergine di oliva
- 1 spicchi d'aglio
- foglie di basilico
- sale e pepe q.b.

Preparazione: 30 minuti
Difficoltà: media
IG: medio (fase 3)

• Tagliare a rondelle le zucchine.
• Friggere in olio extravergine di oliva l'aglio, toglierlo dopo la rosololatura e aggiungere le zucchine.
• A parte sbattere le uova con il formaggio e il basilico.
• Cuocere quindi la pasta al dente in abbondante acqua salata.
• Scolarla, saltarla nella padella con le zucchine.
• Togliere dal fuoco e saltare velocemente aggiungendo olio extravergine di oliva e i tuorli sbattuti con un pizzico di pepe, profumando con il basilico.

Orecchiette con ragù di agnello e carciofi

- Tagliare la polpa di agnello a cubetti e la metà dei cuori di carciofo a julienne.
- Rosolare il tutto in una padella antiaderente con il burro, i 3 cucchiai di olio, il timo e l'aglio che verrà tolto sucessivamente, dopo che si sarà imbiondito.
- Salare e pepare opportunamente.
- Unire la cipolla tagliata a julienne e bagnare con il brodo ristretto, aggiungendovi i rimanenti carciofi tagliati a julienne.
- Continuare la cottura per 20 minuti.
- Cuocere la pasta in abbondante acqua salata.
- Scolarla molto al dente e unirla al condimento.
- Disporla nei piatti.

- 250 g di orecchiette integrali
- 200 g di polpa di agnello
- 200 g di cuori di carciofo
- 1 cipolla bianca
- 2 spicchi d'aglio
- 1 rametto di timo
- 5 cl di brodo ristretto di dado
- 50 g di burro
- 3 cucchiai di olio extravergine di oliva
- 20 g di parmigiano
- sale e pepe q.b.

Preparazione: 1 ora
Difficoltà: difficile
IG: alto (fase 3)

Fusilli alle cozze

- 350 g di fusilli integrali
- 1 kg di cozze
- 150 g di pomodorini
- 1 scalogno
- 1 spicchio d'aglio
- 200 g di rucola
- 50 g di olio extravergine di oliva
- prezzemolo

Preparazione: 25 minuti
Difficoltà: facile
IG: medio (fase 3)

• Aprire le cozze in padella con l'aglio da togliere dopo la rosolatura; privare le cozze del loro guscio.
• Lavare la rucola e trinciarla grossolanamente.
• Soffriggere in 2 cucchiai d'olio lo scalogno tritato; dopo averlo appassito, aggiungere i pomodorini tagliati in 4 spicchi e farli cuocere per circa 15 minuti.
• Aggiungere poi la rucola e, alla fine, le cozze.
• Cuocere la pasta al dente in abbondante acqua salata.
• Saltarla nella stessa padella della salsa.
• Impiattare e quindi condire con olio crudo, aggiungendo il prezzemolo tritato finemente.

Garganelli, zucchine e zafferano

- 300 g di garganelli integrali
- 50 g di prosciutto cotto a cubetti
- 300 g di zucchine
- 1 cipolla
- 2 bustine di zafferano
- 1 cucchiaio di olio di oliva extravergine
- 2 cucchiai di parmigiano reggiano
- 1/2 bicchiere di acqua calda

Preparazione: 30 minuti
Difficoltà: facile
IG: medio (fase 3)

• In una padella antiaderente far saltare in mezzo cucchiaio d'olio la cipolla tritata e le zucchine tagliate a rondelle, per circa 15 minuti.
• Aggiungere subito il prosciutto a cubetti e lo zafferano, aggiungendo poi un mezzo bicchiere d'acqua calda.
• Nel frattempo cuocere i garganelli in abbondante acqua salata.
• Scolarli quando sono ben al dente e quindi mantecarli in padella con il parmigiano reggiano fino ad addensare il composto.

Riccioli di sfoglia con asparagi, cozze e trota salmonata cruda

• In un tegame soffriggere l'aglio, aggiungere le cozze, l'alloro, il vino bianco e il prezzemolo.
• In un tegame disfare nell'olio lo scalogno e cuocervi i filetti di trota.
• Cuocere le punte di asparagi in acqua salata; a cottura ultimata aggiungerli nel tegame delle cozze private del guscio.
• Conservare l'acqua di cottura degli asparagi per cuocere la pasta.
• Scolarla al dente, amalgamarla con gli asparagi e il sugo di cozze.
• Disporre la pasta nei piatti e sovrapporre la trota in bellavista.

- 250 g di riccioli di sfoglia o gigli o maccheroncini possibilmente integrali
- 500 g di cozze
- 1 foglia di alloro
- 300 g di punte di asparagi
- 50 g di prezzemolo
- 300 g di filetti di trota salmonata
- 2 spicchi d'aglio
- 1 scalogno
- 1/2 bicchiere di vino bianco
- 30 cl di olio extravergine di oliva
- sale e pepe q.b.

Preparazione: 30 minuti
Difficoltà: media
IG: alto (fase 3)

Mezze maniche ai broccoli

- 40 pezzi di mezze maniche, possilmente integrali
- 300 g di broccoli a rosette
- 2 spicchi d'aglio
- 50 g di parmigiano reggiano grattugiato
- 2 cucchiai di olio extravergine di oliva

Per la salsa

- 200 g di passata di pomodoro
- 1 cipolla bianca
- sale e pepe q.b.
- 1 cucchiaio di olio extravergine di oliva

• Sbollentare i broccoli in acqua salata bollente e scolarli al dente.

• Saltarli in padella con 1 spicchio d'aglio tritato finemente e 1 cucchiaio d'olio.

• Frullarli molto brevemente in un mixer con il parmigiano e un cucchiaio d'olio fino a ottenere una purea non troppo fine.

•Cuocere la pasta un po' al dente, stenderla su di una griglia con l'olio. Lasciar raffreddare.

• Intanto far sudare in un tegame con un cucchiaio d'olio la cipolla tagliata a rondelle sottili, condita con sale e pepe.

• Aggiungere alla cipolla la passata di pomodoro e far addensare a fuoco medio per 15 minuti, aggiustando di sale e di pepe.

• Porre in una pirofila la salsa di pomodoro, disporvi sopra le mezze maniche lessate.

• Farcirle quindi con la purea di broccoli, usando un sac a poche.

• Passare la pirofila in forno già caldo per 5 minuti e impiattare.

Preparazione: 45 minuti
Difficoltà: media
IG: medio (fase 3)

Spaghetti alle erbe aromatiche

- 300 g di spaghetti
- 1 mazzetto di prezzemolo
- 1 cipolla bianca
- 1 ciuffetto di erba cipollina
- 3 rametti di basilico
- 1 peperoncino
- olio extravergine di oliva q.b.
- 1 cucchiaio abbondante di parmigiano reggiano grattugiato

• Mettere in una padella con un filo d'olio le quattro erbe aromatiche e un poco di peperoncino piccante.
• Dopo 2 minuti ritirare dal fuoco.
• In abbondante acqua salata cuocere gli spaghetti e scolarli molto al dente.
• Saltarli velocemente nella padella contenente le erbe aromatiche, quindi impiattare.
• Spolverare i piatti con il parmigiano.

Preparazione: 20 minuti
Difficoltà: facile
IG: medio (fase 3)

Garganelli ai fiori di rucola e petali di garofano

- 400 g di garganelli
- 300 g di rucola
- 50 g di fiori di rucola
- 40 g di petali di garofano bianco
- 1 spicchio di aglio
- 2 acciughe salate
- 100 g di ricotta
- 50 g di parmigiano reggiano
- olio extravergine di oliva q.b.
- 1 noce di burro
- sale e pepe q.b.

Preparazione: 25 minuti
Difficoltà: media
IG: medio (fase 3)

• Tritare finemente l'aglio e rosolarlo delicatamente in olio.
• Quando sarà rosolato, aggiungere la rucola tagliata grossolanamente e farla brevemente appassire.
• Nel frattempo, in una padella a parte, far sciogliere le acciughe salate, in una noce di burro, unendo poi la ricotta.
• Assemblare fuori dal fuoco la ricotta con la rucola e le acciughe e aggiustare di sale e pepe.
• Cuocere al dente i garganelli in abbondante acqua salata bollente.
• Scolarli e condirli con la salsa di ricotta e acciughe ottenuta.
• Per ultimare la portata, aggiungere i fiori di rucola e il parmigiano reggiano.
• Servire i garganelli caldi con sopra la guarnizione di petali di garofano bianco.

Lasagnette di prosciutto, con burrata di Andria

- Immergere in acqua bollente salata i riquadri di sfoglia per circa 3/4 minuti, avendo cura di girarla di tanto in tanto.
- Disporla su canovacci puliti per farla asciugare dall'acqua di cottura.
- Tagliare il prosciutto a fette.
- Grattugiare il parmigiano.
- Imburrare degli stampi monoporzione e spolverarli con il pangrattato integrale; alternarvi all'interno la sfoglia tagliata a dischi con il coppapasta, poi il prosciutto, quindi la burrata, infine il parmigiano grattugiato, pressando bene il tutto.
- Infornare gli stampini a 170/180 °C per 20 minuti.
- Fare riposare fuori dal forno per alcuni minuti.
- Sformare e servire in un piatto su un fondo di passata tiepida di pomodoro; decorare le lasagnette con una julienne di prosciutto crudo.

> 400 g di sfoglia possibilmente integrale
> 160 g di prosciutto crudo di Parma
> 150 g di burrata di Andria
> 100 g di parmigiano reggiano grattugiato
> 200 g di passata di pomodoro
> 1 noce di burro
> pane integrale grattugiato
> sale q.b.

Preparazione: 1 ora
Difficoltà: media
IG: medio (fase 3)

Minestre e zuppe

Minestre e zuppe sono probabilmente il simbolo più importante e significativo della cucina casalinga tradizionale. Oggi costituiscono una delle preparazioni base della dieta mediterranea, soprattutto per il prezioso apporto nutritivo, sostanzioso e leggero.

Zuppetta di legumi e cereali con seppioline e cozze

- 300 g di ceci in scatola
- 200 g di fagioli di soia in scatola
- 100 g di spinaci freschi
- 1 cipolla bianca media
- 1 costa di sedano
- 200 g di cozze
- 150 g di seppioline
- 1 spicchio di aglio
- 20 g di erba cipollina
- 50 cl di brodo vegetale
- olio extravergine di oliva

Preparazione: 1 ora
Difficoltà: media
IG: medio (fase 2)

• In un tegame capiente far stufare in poco olio la cipolla tagliata a rondelle sottili insieme all'aglio ridotto in piccoli pezzi e al sedano tagliato a cubettini, coprendo con il coperchio.
• Aggiungere ora i ceci e i fagioli con il loro liquido di governo, insieme agli spinaci e far cuocere a fuoco lento per 20 minuti, aggiungendo, quando necessario, il brodo vegetale caldo.
• A cottura ultimata, far riposare per una decina di minuti; con l'aiuto del mixer frullare il tutto.
• Scottare le seppioline su una piastra o su una griglia, o semplicemente in una padella antiaderente.
• Aprire le cozze in un tegame con mezzo cucchiaio di olio extravergine di oliva e uno spicchio d'aglio, cuocendo per 5 minuti a fiamma vivace.
• Versare quindi la crema ottenuta al mixer in una fondina e adagiarvi le seppioline al centro.
• Guarnire con le cozze private della conchiglia.
• Aggiungere una spolverata di erba cipollina e servire con un filo d'olio extravergine.

Zuppa di legumi ed erbe aromatiche

- 100 g di cicerchie
- 50 g di fagioli borlotti
- 50 g di ceci
- 50 g di fagioli cannellini
- 30 g di soia
- 50 g di orzo
- 1 carota
- 1 costa di sedano
- 1/2 cipolla
- olio extravergine di oliva
- sale q.b.
- pepe nero q.b.
- 1 mazzetto odoroso (salvia, alloro, timo, maggiorana, prezzemolo)

- Lavare bene tutti i legumi e metterli a bagno in acqua fredda almeno 12 ore prima della cottura.
- Tritare grossolanamente la carota, il sedano e la cipolla; fare rosolare il tutto in un tegame con 2 cucchiai di olio.
- Unire alla fine tutti i legumi.
- Aggiungere acqua leggermente salata e fare cuocere a fuoco dolce per almeno 2 ore insieme al mazzetto odoroso.
- A cottura ultimata, con il passaverdura o al mixer passare un terzo dei legumi.
- Riporre sul fuoco e regolare di sale e pepe.
- Servire con un filo di olio a crudo.

Preparazione: 3 ore
Difficoltà: media
IG: medio (fase 2)

Zuppa di lattuga e peperoni

- 1 grosso cespo di lattuga
- 200 g di peperoni verdi
- 2 scalogni
- 1 l di brodo vegetale
- 200 g di yogurt greco
- 1 cucchiaino di zenzero in polvere
- 1 pizzico di peperoncino in polvere
- olio extravergine di oliva
- sale q.b.

Preparazione: 12 minuti
Difficoltà: facile
IG: basso (fase 2)

• Frullare la lattuga lavata insieme agli scalogni e al brodo vegetale, aggiungere lo yogurt.
• Cuocere per 7 minuti a fuoco medio.
• Frullare a parte i peperoni tagliati a pezzetti, aggiungere lo zenzero, il peperoncino, un poco d'olio e un pizzico di sale, ottenendo una salsa fluida.
• Suddividere quindi la zuppa in fondine, distribuendo sopra un poco di salsa e decorando con qualche foglia di lattuga.

Zuppa di farro e carciofi

Ingredienti per 6 persone

- 300 g di farro frantumato
- 6 rosette di pane integrale
- 4 carciofi
- 1 spicchio d'aglio
- 50 g di cipollotti a rondelle
- rametto di timo
- 1 l di brodo vegetale
- olio extravergine di oliva
- sale e pepe nero q.b.

Preparazione: 50 minuti
Difficoltà: facile
IG: medio (fase 3)

• Mettere a bagno il farro per circa 8 ore.
• Tostare l'aglio, il cipollotto e il rametto di timo con un poco d'olio, aggiungere i carciofi a pezzettini, il farro e terminare la cottura con il brodo.
• Servire quindi la zuppa in pagnottine svuotate della mollica.
• Condire con un filo di olio a crudo e decorare quindi con la parte superiore del pane tagliato.

Zuppa di lenticchie di Colfiorito con mazzancolle arrostite

Ingredienti per 6 persone

- 300 g di lenticchie di Colfiorito
- 900 g di mazzancolle
- 200 g di prosciutto tagliato sottile
- 2 l di brodo di verdure
- 2 carote
- 2 coste di sedano
- 1 cipolla
- 200 g di pomodorini ciliegia
- olio extravergine di oliva
- sale e pepe q.b.

- Sbollentare per 10 minuti le lenticchie precedentemente tenute in ammollo per 12 ore e poi sciacquarle in acqua calda corrente.
- Preparare intanto un fondo con la carota, il sedano e la cipolla tritati in olio extravergine di oliva.
- Aggiungere le lenticchie e continuare la cottura con il brodo.
- Negli ultimi 5 minuti aggiungere il pomodoro.

- Privare le mazzancolle del loro guscio, avvolgerle in una fettina di prosciutto e arrostirle in una padella antiaderente, con mezzo cucchiaio di olio.
- Versare la zuppa di lenticchie in un piatto e disporvi al centro le mazzancolle arrostite.

Preparazione: 80 minuti
Difficoltà: media
IG: basso (fase 3)

Zuppetta d'orzo, gamberi e asparagi

Ingredienti per 6 persone

- 300 g di orzo perlato
- 300 g di asparagi
- 50 g di scalogno tritato
- 5 g di aglio fresco tritato
- 300 g di gamberi
- 300 g di mirepoix di sedano, cipolla e gambi di prezzemolo
- 2 l di brodo vegetale
- olio extra vergine di oliva q.b.
- sale e pepe q.b.
- 1 rametto di timo

• Sgusciare i gamberi, togliere il filo dell'intestino e conservare i gusci.
• Tostare, con un poco di olio, la mirepoix di verdure; aggiungere i gusci dei gamberi e rosolare; aggiungere acqua fredda ricoprendo il tutto.
• Bollire fino ridurre il liquido di 1/3, quindi filtrare.
• Nel frattempo, pelare le parti dure degli asparagi tagliati a rondelle e cuocerli con un poco di olio, l'aglio, il rametto di timo e lo scalogno.
• Unire l'orzo precedentemente tenuto a bagno per 10 ore e cuocere con il fondo ottenuto con i gusci dei gamberi, salando leggermente.
• Aggiungere il brodo vegetale e portare a cottura.
• In una padella riporre le punte di asparagi tagliate in 2 parti nel senso della lunghezza e i gamberi, cuocendo per 5 minuti.
• Mettere la zuppa d'orzo in una fondina e aggiungere sopra i gamberi e gli asparagi.

Preparazione: 2 ore e 30 min.
Difficoltà: media
IG: medio (fase 3)

Vellutata di ceci e vongole

• In un capace tegame basso con olio extravergine e prezzemolo cuocere le vongole: quando si saranno aperte, togliere il mollusco e tenerlo da parte con il liquido di cottura.
• In un altro tegame, tostare l'aglio e il porro in un poco d'olio a fuoco dolce; aggiungere la panna di soia, unire il brodo vegetale o acqua leggermente salata e portare a cottura, aggiustando di sapore.
• Cuocere quindi in brodo vegetale anche i ceci, per 15 minuti.
• Frullare il tutto in un mixer aggiungendo il liquido di cottura delle vongole e legare il tutto con la panna vegetale.
• Versare la vellutata ottenuta nelle fondine e servire aggiungendo le vongole in ogni piatto.
• Condire con un filo di olio extravergine di oliva.

Ingredienti per 6 persone

- 400 g di vongole
- 150 g di panna di soia
- 200 g di ceci in scatola
- 150 g di porri
- 20 g di aglio fresco a rondelle
- 1 mazzetto di prezzemolo
- 1 l di brodo vegetale o acqua
- olio extravergine di oliva q.b.
- sale e pepe q.b.

Preparazione: 30 minuti
Difficoltà: media
IG: medio (fase 2)

Secondi a base di carne

Tutti i tipi di carne hanno un'indice glicemico pari a 0. Nella cucina classica tradizionale possono però diventare vere proprie "bombe" iperglicemiche quando si utilizzano taluni ortaggi cotti. Occorre consultare pertanto gli indici glicemici dei singoli ingredienti.

Carré di agnello al forno con fiori di broccoli

- 1 carré di agnello
- 250 g di fiori di broccoli
- 100 g di pangrattato integrale
- 1 uovo
- 20 g di parmigiano reggiano grattugiato
- 1 dl di fondo bruno (si ottiene addensando il fondo di cottura dell'agnello con un poco di burro e olio, cuocendo a fuoco alto in un tegamino)
- 5 dl di brodo di carne anche in dado
- 1 noce di burro
- 1 dl di olio extravergine di oliva
- sale e pepe q.b.

Preparazione: 1 ora
Difficoltà: difficile
IG: medio (fase 3)

• Lessare i broccoli in abbondante acqua leggermente salata.
• Pulire il carré, scarnire le costolette, legarlo con lo spago, salarlo e peparlo.
• Scaldare una placca da forno unta d'olio, rosolare il carré da tutte le parti e continuare la cottura in forno a 180 °C per circa 20 minuti bagnandolo, di tanto in tanto, con il brodo.
• Togliere dal forno e lasciare riposare, filtrando il fondo di cottura.
• Preparare un impasto con il pangrattato, i fiori di broccoli, l'uovo e il parmigiano.
• Lavorarlo fino a farlo diventare omogeneo e morbido, spalmarlo sul carré salato e pepato e gratinarlo in forno.
• A cottura ultimata, aggiungere il fondo precedentemente filtrato e addensato su fuoco vivace, con l'aggiunta di una noce di burro.

• Tagliare il carré a costolette, disporlo nei piatti, irrorandolo con il fondo di cottura.
• Servire caldo.

Pollo con spinaci

- 1 pollo
- 300 g di spinaci
- 5 dl di panna fresca
- 50 g di burro
- succo di 1/2 limone
- sale e pepe q.b.

• Con un coltello tagliare il pollo su tutta la lunghezza del dorso, aprirlo a libro ed eliminare le ossa.
• Salarlo e peparlo moderatamente.
• Rosolarlo con il burro prima sulla pelle e poi nella parte interna.
• Far cuocere gli spinaci puliti e ben lavati in panna e 1/2 limone per 10 minuti.
• Aggiungere a questo punto il pollo, continuando brevemente la cottura.
• Estrarre il pollo e tagliare il petto a larghe fette.
• Disporre nei piatti con gli spinaci, irrorando con il fondo di cottura.

Preparazione: 1 ora
Difficoltà: media
IG: basso (fase 2)

Spezzatino di agnello con carciofi

- 1 kg di spalla di agnello
- 2 grossi spicchi di aglio
- 1 piccola cipolla
- 2 rametti di timo
- 250 g di carciofi
- 1 bicchierino di aceto di mele
- olio extravergine di oliva q.b.
- sale e pepe q.b.

Preparazione: 1 ora
Difficoltà: media
IG: basso (fase 2)

• Tagliare l'agnello a piccoli pezzi.
• Rosolarlo quindi in un tegame con l'olio, l'aglio, la piccola cipolla tagliata in due parti e il timo, salare e pepare.
• A metà cottura aggiungere i carciofi tagliati a spicchi e continuare la cottura a fuoco vivo.

• Togliere l'agnello e i carciofi dal tegame e deglassare il fondo di cottura con l'aceto; addensare la salsa e quindi aggiustare di sale e pepe.
• Servire l'agnello con i carciofi, condendo con il fondo di cottura.

Involtini di melanzane con prosciutto cotto e ricotta

- 12 fette di melanzane
- 200 g di ricotta
- 100 g di prosciutto cotto
- 12 pomodori ciliegini
- 1 ciuffo di erba cipollina (per insaporire)
- 12 fili di erba cipollina fresca (per legare gli involtini)
- olio extravergine di oliva
- sale

Preparazione: 30 minuti
Difficoltà: facile
IG: basso (fase 2)

• Amalgamare la ricotta con il prosciuttodopo averlo tagliato a dadini.
• Aggiustare di sale e aggiungere l'erba cipollina.
• Nel frattempo grigliare le melanzane su una piastra ben calda.
• Farcire le fette di melanzana grigliate e arrotolarle legandole con un filo di erba cipollina fresca.
• Sistemare nel piatto 3 involtini accompagnati dai pomodorini tagliati a spicchi.
• Condire il tutto con un filo d'olio.
• (Se non si utilizzano i pomodori, l'IG risulterà più basso).

Petto di pollo con fiori di broccoli

- 2 petti di pollo
- 300 g di fiori di broccoli
- 50 g di burro
- 1 scalogno
- 100 g di rete di maiale
- sale e pepe q.b.
- olio extravergine di oliva

• Dividere in quattro grosse fette il petto di pollo.
• Salarlo e peparlo moderatamente.
• Farcirlo internamente con lo scalogno tritato; quindi richiuderlo su se stesso con la rete di maiale e lo spago.
• Cuocere in un tegame con olio e burro e continuare la cottura a 180 °C per 20 minuti circa.
• Togliere dal forno e lasciare riposare.
• A parte, preparare un composto con i fiori di broccoli cotti in acqua bollente salata, scolati e frullati velocemente con burro e olio.
• Disporre dei cerchi di composto di broccoli sui piatti, adagiarvi sopra il petto di pollo e nappare con il liquido di cottura.

Preparazione: 45 minuti
Difficoltà: media
IG: basso (fase 2)

Umido alla marchigiana

- 1 kg di vitello magro
- 2 grosse fette di prosciutto crudo
- 200 g di lardo
- 1 mazzo di bieta erbetta
- 300 g di passata di pomodoro
- 1 limone
- 1 cipolla bianca
- 3 spicchi di aglio
- 1 rametto di maggiorana
- 1 litro di brodo di carne
- 1 bicchiere di vino rosso
- 50 g di burro
- sale e pepe q.b.

• In una terrina mettere il prosciutto a dadini, l'aglio e una buccia di limone tritati, sale e pepe.

• Mescolare e infilare il tutto in fori praticati in precedenza nella carne.

• Legare la carne e porla in un tegame con il lardo, la cipolla tagliata a rondelle e l'aglio tritato finemente.

• Salare e pepare, unire il rametto di maggiorana e rosolare in modo uniforme su fuoco basso.

• Versare quindi il vino; quando la carne sarà colorata lasciare evaporare e aggiungere poi la passata di pomodoro.

• Versare man mano il brodo vegetale, coprire e cuocere a fuoco basso per due ore circa.

• A parte, in un tegame con un dito di acqua, cuocere la bieta erbetta lasciandola croccante.

• Scolarla e saltarla in un tegame con 1/2 cucchiaio di olio e uno spicchio d'aglio da togliere appena imbiondisce.

• Impiattare ponendo alla base la salsa di pomodoro ristretta, quindi il vitello tagliato a fette e infine la bieta erbetta.

Preparazione: 3 ore
Difficoltà: media
IG: medio (fase 2)

Tartare di filetto ai capperi, olive e verdure grigliate

- 350 g di filetto di manzo macinato al momento o tritato a mano
- foglie di insalata (per decorazione)
- 2 zucchine
- 1 melanzana
- 2 peperoni gialli
- 2 peperoni rossi
- 50 g di olive verdi
- 25 g di capperi
- 1 mazzetto di erba cipollina
- 1 cipolla piccola
- il succo di 1 limone
- 1 cucchiaino di salsa Worcestershire
- origano fresco
- 4 tuorli d'uovo
- olio extravergine di oliva
- sale e pepe bianco q.b.

• Tritare le olive e i capperi.
• Amalgamare la carne con le olive, i capperi, una parte di erba cipollina tagliuzzata, la cipolla tritata finemente, il succo di limone e la salsa Worcestershire.
• Aggiustare di sapore e condire con olio.
• Coprire e lasciare riposare in frigorifero per 1/2 ora.
• Tagliare a strisce le verdure e grigliarle su una piastra ben calda.
• Condire le verdure con olio e sale, profumando con l'erba cipollina.
• Dividere la carne in 4 parti formando delle polpette leggermente schiacciate al centro e disporle nei piatti individuali.
• Su ogni porzione di tartare sistemare quindi un rosso d'uovo.
• Spolverizzare con pepe bianco e foglioline di origano fresco sminuzzate.
• Distribuire attorno le verdure grigliate e l'insalata spezzettata.
• Irrorare con un filo d'olio.

Preparazione: 40 minuti
Difficoltà: facile
IG: basso (fase 2)

Pollo al limone

- 4 cosce di pollo
- 2 limoni
- 2 cucchiai di olio extravergine di oliva
- 1 scalogno
- 1 mazzetto di origano
- sale e pepe q.b.

Preparazione: 25 minuti
Difficoltà: facile
IG: basso (fase 1)

• In un tegame appassire lo scalogno tritato finemente in 2 cucchiai di olio extravergine di oliva.
• Adagiare sullo scalogno appassito le 4 cosce di pollo salate e pepate quanto basta e farle quindi rosolare su entrambi i lati.
• Irrorare con il succo dei 2 limoni e lasciare cuocere per 20 minuti con il coperchio, a fuoco basso, spolverizzando la carne con le foglie di origano.
• Servire le cosce di pollo con il fondo di cottura.

Carpaccio di girello di bue al pesto

- 200 g di girello di bue magro
- 100 g di insalata fresca mista
- qualche foglia di basilico
- 1 scalogno
- olio extravergine di oliva
- sale e pepe q.b.

Preparazione: 15 minuti
Difficoltà: facile
IG: basso (fase 1)

• Frullare il basilico con lo scalogno, il sale e l'olio ottenendo una purea verde.
• Tagliare quindi la carne a fette molto sottili e disporle nei piatti coprendo completamente il fondo.
• Spalmare la salsa sul carpaccio e sistemare al centro del piatto un poco di insalata condita a piacere.
• Riporre in frigorifero per circa mezz'ora.
• Servire la pietanza fredda.

Faraona farcita con cipolla caramellata alla salsa di soia

- 2 petti di faraona interi grossi
- 150 g di carne di vitello
- 100 g di pancetta
- 10 g di cipolla
- 25 cl di Lambrusco secco
- 100 g di parmigiano
- 50 cl di brodo di carne
- olio extra vergine di oliva
- sale e pepe q.b.

Preparazione: 1 ora
Difficoltà: alta
IG: basso (fase 2)

• Aprire i petti a libro avendo cura di non rompere la pelle.
• A parte tritare la carne di vitello e insaporire con sale, pepe e parmigiano.
• Tagliare la pancetta a strisce sottili.
• Tagliare la cipolla a julienne fine e brasarla con olio e salsa di soia e lasciare raffreddare.
• Farcire i petti con la carne e arrotolarli con la farcia e la cipolla.
• Chiudere i petti e avvolgerli con la pancetta.
• Rosolare i petti farciti con olio extravergine prima e poi aggiungendo il brodo.
• Bagnare con il Lambrusco regolando di sale e pepe e far ridurre il fondo di cottura della metà.
• Servire scaloppando il petto con la salsa a specchio ed, eventualmente, un piccolo pagliaio di cipolla caramellata.

Prosciutto al forno con salsa ai mirtilli

- 600 g di prosciutto cotto al forno tagliato a fette abbastanza sostenute
- 200 g di mirtilli
- 1 cipolla bianca
- olio extravergine di oliva
- 1 pizzico di fruttosio
- sale q.b.

Preparazione: 20 minuti
Difficoltà: facile
IG: basso (fase 1)

• Frullare i mirtilli (lasciare qualche chicco per decorazione).
• Versare la salsa ottenuta in una padella con un filo d'olio e un poco di cipolla tritata.
• Scaldare bene la salsa aggiungendo un pizzico di sale e unire anche un pizzico di fruttosio.
• Sistemare le fette di prosciutto nel piatto e versarvi accanto la salsa ai mirtilli.

Tutti i salumi e gli insaccati hanno un indice glicemico pari a 0: si possono pertanto sostituire secondo il proprio gusto. L'importante è non mangiarli con pane bianco, tramezzini, crackers. Anche l'abbinamento con ortaggi e verdure, qualora questi non subiscano cotture, non altera i valori glicemici.

Piccione arrostito e semi di finocchio

- 2 piccioni
- 1 dl di panna fresca
- 200 g di fondi di carciofo
- 100 g cavolfiori a rosette
- 100 g di insalatina mista
- 2 spicchi di aglio
- 5 g di semi di finocchio
- 1 dl di olio extravergine di oliva
- sale e pepe q.b.

Preparazione: 1 ora
Difficoltà: media
IG: basso (fase 2)

- Aprire i petti e le cosce dei piccioni.
- Scaldare un tegame con il burro, salare e pepare i piccioni, cuocerli da ambo le parti con i semi di finocchio e un trito di aglio.
- Farli rosolare ulteriormente per circa 12 minuti.
- Lasciar riposare e raccogliere i succhi della carne.
- Cuocere in abbondante acqua salata i cavolfiori e i fondi di carciofo.
- Scolarli e metterli nel frullatore con 1 dl di panna e un goccio d'olio.
- Disporre la salsa ottenuta sul fondo dei piatti e aggiungere l'insalata.
- Scaloppare i piccioni.
- Sistemare i piccioni sull'insalata.
- Emulsionare i succhi estratti dalla carne con un filo d'olio e irrorare i piccioni.

Secondi a base di pesce

Pesce e crostacei hanno un indice glicemico pari a 0. Consumati crudi sono pertanto una fonte di nutrimento importante a livello organolettico e che non fa ingrassare. Cotture con intingoli e aggiunta di ortaggi cotti eleva inevitabilmente il tasso glicemico.

Filetti di platessa con salsa di vongole

- 4 filetti di platessa
- 400 g di vongole
- 1 pomodoro tagliato a pezzetti
- 1 spicchio d'aglio
- 1 scalogno
- 1 dl di vino bianco
- agar-agar
- sale e pepe q.b.
- olio extravergine di oliva

• Cuocere i filetti di platessa in un tegame con olio, un trito di scalogno e un po' di vino bianco.
• Prima di toglierli dal fuoco, addensare il fondo di cottura con un poco di agar-agar.
• Fare aprire le vongole in una padella con 2 cucchiai di olio extravergine di oliva e 1 spicchio di aglio.
• Privare le vongole della conchiglia e scottarle per qualche minuto in un goccio d'olio e 1 spicchio d'aglio, con aggiunta di qualche pezzo di pomodoro.
• Disporre i filetti di platessa in un piatto, versarvi sopra le vongole con il loro sugo.
• Servire ben caldo.

Preparazione: 20 minuti
Difficoltà: media
IG: medio (fase 2)

Cuori di merluzzo in foglia di verza croccante

- Sbollentare le foglie di verza in 1/2 l di acqua leggermente salata, poi raffreddarle subito in acqua e ghiaccio, asciugarle, stendere sopra le fette di speck e il prezzemolo tritato finemente.
- Posizionare i tranci di merluzzo sopra le fette di speck, condire con sale e pepe e confezionare l'involtino (la foglia di verza risulterà all'esterno).
- Cuocere gli involtini a vapore per 13 minuti, quindi tagliarli trasversalmente, metterli in una pirofila con olio e passarli altri 5 minuti in forno a 200 °C.
- Servire in un piatto intiepidito in forno.
- Condire con una emulsione di olio, burro liquefatto a temperatura ambiente, sale e pepe nero secondo il proprio gusto.
- Guarnire con due rametti di maggiorana.

- 400 g di tranci di merluzzo
- 4 fettine di speck
- 1 verza
- 1 scalogno
- 1 ciuffo prezzemolo
- 1 mazzetto di maggiorana
- 1 noce di burro
- olio extravergine di oliva
- sale e pepe q.b.

Preparazione: 40 minuti
Difficoltà: difficile
IG: basso (fase 2)

Boghe al timo e asparagi

- 12 boghe da 200 g ciascuna
- 400 g di punte di asparagi
- 1 limone
- timo
- 1 ciuffo di prezzemolo
- olive nere
- 200 g di olio extravergine di oliva
- 300 g di brodo vegetale
- 1/2 bicchiere di vino bianco
- sale e pepe q.b.

• Pulire bene le boghe squamandole, privandole della lisca centrale e mettendole poi da una parte.
• Cuocere gli asparagi in acqua bollente e poi adagiarli, insieme alle olive, sul fondo di una pirofila.
• Deporvi sopra le boghe salando e pepando q.b.
• Spruzzare di vino bianco e brodo vegetale fatto bollire precedentemente; aggiungere un po' di timo e una spruzzata di limone.
• Mettere il tutto in forno ber riscaldato a 180 °C per 6-7 minuti circa, quindi togliere dal forno.
• Impiattare, irrorando il tutto con il fondo di cottura e prezzemolo tritato finemente, un filo di olio crudo, profumando con un rametto di timo.

Preparazione: 50 minuti
Difficoltà: media
IG: basso (fase 2)

Seppie con piselli

- › 500 g di seppioline
- › 150 g di pomodori pelati in scatola
- › 300 g piselli medi freschi
- › 1 cipolla bianca
- › 1 dl di vino bianco
- › 1 dl di olio extravergine di oliva
- › sale e pepe q.b.

• Appassire in olio extravergine di oliva la cipolla tagliata a rondelle sottili.
• Aggiungere le seppioline, farle cuocere brevemente, sfumare con del buon vino.
• Unire i piselli e, dopo 10 minuti di cottura, i pomodori pelati.
• Regolare con sale, poco pepe e, facoltativo, del peperoncino.
• Cuocere lentamente, verificare che le seppioline e i piselli siano teneri.
• Portare in tavola direttamente nel rame di cottura.
Servire nei piatti, eventualmente con pane casereccio integrale abbrustolito.

Preparazione: 30 minuti
Difficoltà: media
IG: basso (fase 2)

Filetti di triglie di scoglio su crema di fave

- 16 triglie di scoglio
- 4 pomodorini ciliegini
- 200 g di fave fresche sgusciate
- 1 scalogno
- 2 spicchi di aglio
- 1 mazzetto di prezzemolo
- 4 rametti di timo
- 100 g di olive nere
- olio
- sale e pepe q.b.

Preparazione: 35 minuti
Difficoltà: media
IG: basso (fase 2)

• Sfilettare le triglie.
• Tritare le olive, unirle allo scalogno e al prezzemolo tritato finemente.
• In un tegame far appassire la cipolla con 2 cucchiai di olio e unirvi le fave private del loro guscio (occorre utilizzare solo il cuore tenero di questo ortaggio).
• Salare e pepare adeguatamente e cuocere per circa 7-8 minuti.
• Frullare poi il tutto nel mixer per ottenere una salsa cremosa.
• Con un filo d'olio in una padella antiaderente far cuocere le triglie nel forno già caldo, profumate con timo, scalogno e prezzemolo.

• Dividere quindi le triglie nei piatti sopra alla salsa di fave, unendo il trito di olive scalogno.

Filetti di platessa all'arancia

- 4 filetti di platessa
- 2 arance
- 100 g di olive nere
- capperi
- olio extravergine di oliva
- sale e pepe q.b.

Preparazione: 25 minuti
Difficoltà: facile
IG: basso (fase 1)

• Saltare velocemente in padella i filetti di platessa con un filo d'olio, salare e pepare.
• Aggiungere il succo di un'arancia e le olive nere, continuare brevemente la cottura.
• Sbucciare l'arancia rimasta e tagliarla a fettine.
• Sistemare nel piatto 2 filetti di platessa con le olive e i capperi.

• Riscaldare quindi una pirofila in forno per 5 minuti circa.
• Disporvi sopra le fettine d'arancia e bagnare con il fondo di cottura, adagiarvi i filetti con i capperi e le olive.

Salmone fresco su guazzetto mediterraneo

- 4 scaloppe di salmone fresco
- 150 g di pomodorini ciliegini
- 200 g di piselli freschi
- 100 g di punte di asparagi
- 1 scalogno
- 1 spicchio d'aglio
- 1 mazzo di basilico
- 20 g di semi di coriandolo pestato
- 12 cipollotti
- sale q.b.
- peperoncino
- aceto di mele
- olio extravergine di oliva

• Pulire i cipollotti dalla prima pelle, sistemarli in una teglia da forno e condirli con l'aceto, il sale e l'olio.
• Infornare e cuocere a 200 °C per circa 20 minuti.
• Nel frattempo sbollentare in acqua leggermente salata e raffreddare immediatamente i piselli e le punte di asparagi.
• Per la salsa: tostare in olio l'aglio, lo scalogno e il peperoncino finemente tritati.
• Unire le foglie di basilico e i pomodorini tagliati in quarti.
• Salare e cuocere a fuoco vivissimo per 2 minuti.
• Per le scaloppe di salmone: passare le scaloppe condite con sale e coriandolo pestato in una padella antiaderente con olio caldissimo.
• Finire quindi la cottura avendo cura che il pesce rimanga rosato.
• Presentare il piatto con tutti gli ingredienti cotti precedentemente (prima i pomodori, poi i piselli, le punte di asparagi, i cipollotti, infine le scaloppe di salmone) decorando con basilico fresco.

Preparazione: 45 minuti
Difficoltà: media
IG: basso (fase 2)

Verdure

Generalmente, ortaggi e verdure a crudo non solo hanno indici glicemici bassi, ma garantiscono un apporto nutritivo di fondamentale importanza. Costituiscono pertanto il jolly sul quale giocare una dieta corretta ed equilibrata, ricca di vitamine e sali minerali.

Flan di melanzane

- 100 g di mollica di pane integrale
- 500 g di melanzane
- 1 mazzetto di prezzemolo
- 1 mazzetto di rucola
- 250 g di panna
- 100 g di parmigiano grattugiato
- 1 cucchiaio di aceto di mele
- olio extravergine di oliva
- sale e pepe q.b.

• Grigliare le melanzane tagliate a fette su una piastra ben calda.
• Ammollare il pane nella panna e frullarne 3/4 con la polpa di 8 fette di melanzane, il prezzemolo e il parmigiano; salare e pepare.
• Foderare quindi degli stampini monodose con la carta da forno e aggiungere le fette di melanzane grigliate.
• Riempire gli stampini con il composto ottenuto frullando le melanzane e conservare in frigorifero.
• Frullare la rucola con il rimanente pane ammollato, l'aceto, l'olio e un pizzico di sale.
• Versare la salsina alla rucola nel fondo del piatto e sformarvi sopra il flan di melanzane, spolverando con il prezzemolo tritato finemente.

Preparazione: 30 minuti
Difficoltà: media
IG: medio (fase 3)

Insalata di carotine, cetrioli e olive allo yogurt

- Tagliare a bastoncini sottili i cetrioli e a cubetti la carotina.
- Condirle con olio e sale; aggiungere lo yogurt, le olive e il prezzemolo tritati finemente e mescolare bene.
- Lasciare riposare l'insalata in frigorifero, in modo da servirla fresca.

- 200 g di yogurt greco
- 1 carotina
- 2 cetrioli medi
- 1 rametto di prezzemolo
- olive nere snocciolate
- 3 cucchiai di olio extravergine di oliva

Preparazione: 10 minuti
Difficoltà: facile
IG: basso (fase 2)

Zucchine alla rucola

- Tagliare a rondelle le zucchine e grigliarle su una piastra ben calda.
- Preparare un'emulsione con l'olio, l'aglio tritato finemente, il sale e il pepe.
- Condire abbondantemente con l'emulsione le zucchine grigliate e mescolate con la rucola pulita.

- 600 g di zucchine
- 1 mazzetto di rucola
- 1 spicchio d'aglio
- olio extravergine di oliva
- sale e pepe q.b.

Preparazione: 20 minuti
Difficoltà: facile
IG: basso (fase 1)

Melanzane all'aglio e basilico

- 500 g di melanzane
- 2 spicchi d'aglio
- 1 mazzetto di basilico
- sale q.b.
- olio extravergine di oliva

Preparazione: 20 minuti
Difficoltà: facile
IG: basso (fase 1)

• Tagliare a fette le melanzane, grigliarle su una piastra ben calda.
• Con le fette coprire il fondo di un recipiente abbastanza capiente; salare leggermente, lasciar cadere qualche foglia di basilico e un pizzico di aglio tritato.
• Coprire con abbondante olio crudo.
• Ripetere l'operazione fino a esaurimento delle melanzane.
• Coprire bene l'ultimo strato di melanzane con l'olio.
• Chiudere il recipiente e conservare in frigorifero anche per una settimana.
• Servirsene all'occasione.

Zuppa cruda di verdure

- 8 fette di pane integrale
- 100 g di pomodori
- 100 g di peperoni gialli
- 100 g di peperoni rossi
- 100 g di zucchine
- 100 g di melanzane
- 2 coste di sedano
- 1 rametto di basilico
- aceto aromatico
- salsa Worcestershire
- Tabasco
- olio extravergine di oliva
- sale e pepe q.b.

• Tagliare a rondelle le zucchine e grigliarle.
• Tagliare a listarelle i peperoni e le melanzane, precedentemente grigliati.
• Pelare i pomodori e tagliarli a cubetti.
• Profumarli con basilico e aceto aromatico, salare e pepare.
• Unire le verdure al pomodoro, mescolare e insaporire con 1 cucchiaino di salsa Worcestershire, uno spruzzo di Tabasco e un filo d'olio.
• Grattugiare il sedano crudo.
• Versare tutto nelle fondine accompagnando con fette di pane integrale abbrustolito.

Per abbassare l'indice glicemico di questo piatto, eliminare eventualmente i pomodori.

Preparazione: 20 minuti
Difficoltà: facile
IG: medio (fase 3)

Insalata esotica con mousse di peperoni

- 2 fette di pane per tramezzini integrale
- 50 g di robiola
- 1 avocado maturo
- 1 pompelmo rosa
- 1 limone
- 1 cuore di sedano
- 150 g di peperoni
- 100 g di insalata ricciolina
- olio extravergine di oliva
- sale e pepe q.b.

• Frullare i peperoni con la robiola aggiungendo un pizzico di sale.
• Stendere con un mattarello le 2 fette di pane e spalmarle con il composto ottenuto.
• Arrotolare bene le fette di pane e avvolgerle con la pellicola trasparente, sistemandole in frigorifero per almeno 1/2 ora.
• Spellare a vivo il pompelmo conservando il succo.
• Togliere la buccia all'avocado e tagliarne la polpa a tocchetti, bagnandola con il succo di limone per evitare che annerisca.
• Pulire l'insalata e tagliare a rondelle il sedano.
• Sistemare l'insalata e il sedano in un piatto, mettervi accanto la frutta.
• Tagliare i rotolini di pane e appoggiare le rondelle sull'insalata.
• Condire con una vinaigrette ottenuta emulsionando il succo di pompelmo con il sale e l'olio.

Preparazione: 20 minuti
Difficoltà: facile
IG: medio (fase 3)

Insalata di germogli di soia e verdure in agrodolce

- 2 zucchine
- 1 peperone giallo
- 1 peperone rosso
- 1 melanzana
- 1 ciuffo di erba cipollina
- 150 g di germogli di soia
- 1 limone
- olio extravergine di oliva
- aceto di mele
- sale q.b.

• Grigliare tutte le verdure su una piastra ben calda.
• Tagliare a listarelle sottili tutte le verdure grigliate alla piastra.
• Pulire i germogli di soia e aggiungerli alle verdure.
• Preparare un'emulsione con l'olio, l'aceto, la spremuta di 1 limone, un po' d'erba cipollina tagliuzzata, con un pizzico di sale.
• Condire abbondantemente l'insalata colorata.

Preparazione: 25 minuti
Difficoltà: facile
IG: basso (fase 1)

Dolci

In conclusione, qualche ricetta intrigante, colorata e dolce, per trasgredire ma non troppo. Consultando le tabelle, si possono infatti consumare preparazioni allegre e invitanti, per rendere più piacevoli occasioni quotidiane o speciali senza danneggiare il nostro peso forma.

Cocktail "rosso di sera"

- succo di 2 pompelmi
- spumante brut
- 100 g di frutti di bosco misti
- 1 pera
- 1 kiwi
- 1 pesca
- 4 fragole
- 1 mela
- 4 stecchetti per spiedini

• Lavare accuraratamente i frutti di bosco.
• Mescolare il succo di pompelmo, lo spumante e il misto bosco frullati tutti freddi, in parti uguali.
• Versare in bicchieri tenuti immersi nel ghiaccio.
• Mondare quindi la frutta per gli spiedini e tagliarla a cubettini.
• Servire il cocktail con lo spiedino di frutta.

Preparazione: 25 minuti
Difficoltà: media
IG: medio (fase 2)

Crema dolce al formaggio

- Lavare accuratamente le fragole.
- Amalgamare la robiola con la panna aiutandosi con una frusta.
- Aggiungere lo yogurt alla pesca e il fruttosio.
- Sistemare la crema nelle coppe.
- Accompagnare con i frutti di bosco e le fragole, decorando a piacere.

- 300 g di robiola
- 50 g di panna fresca
- 50 g di yogurt alla pesca (o altro frutto)
- 100 g di fragole
- 100 g di frutti di bosco misti
- 3 cucchiai di fruttosio

Preparazione: 15 minuti
Difficoltà: facile
IG: basso (fase 2)

Crema ai frutti di bosco

- Lavare accuratamente tutti i frutti di bosco.
- Frullare metà dei frutti di bosco con il succo di limone e con g. 25 di fruttosio.
- Montare quindi la panna con il rimanente fruttosio e la vanillina.
- Unirvi la crema di frutti di bosco, mescolando con cura.
- Suddividere la crema nelle coppe e guarnire con i frutti di bosco e una foglia di mentuccia.

- 250 g di panna fresca
- 200 g di frutti di bosco misti (lamponi, mirtilli, more, ribes, a piacere)
- 50 g di fruttosio in polvere
- 1/2 cucchiaino di vanillina
- 1/2 cucchiaino di succo di limone
- alcune foglie di mentuccia

Preparazione: 15 minuti
Difficoltà: facile
IG: basso (fase 2)

Cubetti di gelatina di fragole

- 500 g di fragole
- 125 g di fruttosio in polvere
- 10 g di fogli di colla di pesce
- acqua
- alcune foglie di menta

• Lavare accuratamente le fragole.
• Spolverizzare le fragole con il fruttosio.
• Bagnare con un poco d'acqua e lasciare in infusione per alcune ore.
• Filtrare il liquido di macerazione delle fragole e aggiungervi i fogli di gelatina prima ammorbiditi in acqua e poi leggermente scaldati.
• Frullare le fragole e unirle al liquido con la gelatina.
• Versare il composto in un vassoio rettangolare bagnato con acqua, formando uno strato di 3 o 4 cm.
• Sistemare in frigorifero per 12 ore.
• Sformare la gelatina, tagliarla a cubetti e servirla in coppe, decorando con le foglie di menta.

Preparazione: 20 minuti
Difficoltà: media
IG: basso (fase 1)

Nettare di ciliegie

- Lavare accuratamente le ciliege.
- Frullarle con lo spumante rosè e il latte di soia.
- Conservare quindi in frigorifero.
- Inumidire il bordo delle coppe e cospargerle di fruttosio, versarvi il nettare e servire con le cannucce.

› 400 g di ciliege
› 2 dl di latte di mandorle
› 1 bicchiere di spumante rosè
› 1 cucchiaio di fruttosio
› cubetti di ghiaccio

Preparazione: 10 minuti
Difficoltà: facile
IG: basso (fase 2)

Frappé misto bosco

- Lavare accuratamente i frutti di bosco.
- Tritare il ghiaccio e frullarlo per 30 secondi nel frullatore con i frutti di bosco e il latte di soia.
- Versare il frappé ottenuto nei bicchieri passandolo eventualmente attraverso un colino.
- Decorare ogni bicchiere con una foglia di menta.

› 150 g di frutti di bosco misti a piacere
› 5 dl di latte di soia
› il succo di 1/2 limone
› 1 bicchiere di ghiaccio tritato
› 2 cucchiai di fruttosio
› alcune foglie di menta

Preparazione: 5 minuti
Difficoltà: facile
IG: basso (fase 1)

Granita di Brachetto con fragole

- 200 g di fragole
- 50 g di fruttosio
- 4 dl di Brachetto

Preparazione: 10 minuti
Difficoltà: facile
IG: basso (fase 2)

• Lavare e tagliare a metà le fragole.
• Versare il Brachetto nelle vaschette per il ghiaccio e mettere in congelatore per almeno 5 ore.
• Tritare il Brachetto ghiacciato e riporlo nella base dei bicchieri.
• Porvi sopra le fragole e cospargere di fruttosio.

Ricotta alle more selvatiche

- 200 g di ricotta fresca
- 200 g di frutti di bosco misti
- 100 g di more fresche
- 5 cucchiai di fruttosio polverizzato

Preparazione: 20 minuti
Difficoltà: facile
IG: basso (fase 2)

• Frullare i frutti di bosco con metà zucchero, conservando alcune more per decorazione, e passare il composto ottenuto al colino fine.
• Nappare i piatti con la salsa ottenuta e sistemarvi sopra una fettina di ricotta tagliata a triangolo.
• Spolverarla con il fruttosio e ricoprire con un'altra fetta di ricotta tagliata a quadrato.
• Guarnire con le more e spolverare con il fruttosio il polvere.

Tartellette al formaggio e all'albicocca

Per la pasta frolla
- Polverizzare le nocciole.
- In una bastardella, amalgamare il burro e il fruttosio in polvere, incorporare gradatamente le chiare di uovo, la farina setacciata e la metà delle nocciole ridotte in polvere.
- Utilizzando una spatola, su una piastra da forno antiaderente stendere piccole quantità di pasta: dovranno essere piatte e a forma circolare.
- Cospargere con le nocciole tritate finemente.
- Foderare gli stampini con la sfoglia e infornare a 160 °C finché le sfoglie non saranno dorate.
- Fare quindi raffreddare le sfoglie negli appositi stampini monoporzione.

Per il ripieno
- Lavare le albicocche, sbucciarle e denocciolarle.
- Caramellare quindi il fruttosio con un goccio d'acqua sul fuoco vivace e aggiungervi la polpa di albicocca frullata.
- Mettere a bagnomaria il foglio di gelatina e scaldarlo leggermente .
- Aggiungere il foglio di colla di pesce ammollato alla polpa di albicocca e mescolare delicatamente.
- Usando un cucchiaio o un *sac a poche* adagiare il composto sulle tartellette.
- A parte montare il mascarpone e la panna, con 2 tuorli d'uovo, integrando con 50 g di fruttosio in polvere.
- Raffredare per 2 ore in frigorifero, quindi adagiare il composto nelle tartellette con il sac a poche.

Servire con gelatina lucida di albicocche e guarnizione di frutti di bosco.

Per la pasta frolla
- 3 chiare di uovo
- 75 g di farina integrale
- 75 g di fruttosio in polvere
- 50 g di nocciole tostate
- 75 g di burro

Per il 1° ripieno
- 200 g di polpa di albicocca
- 70 g di fruttosio in polvere
- 1 foglio di colla di pesce

Per il 2° ripieno
- 2 tuorli d'uovo
- 200 g di mascarpone
- 200 g di panna
- 50 g di fruttosio in polvere

Preparazione: 2 ore
Difficoltà: alta
IG: medio (fase 3)

Indice alfabetico delle ricette

Alici marinate con pinoli 75
Antipasto di avocado 72
Barchette di peperoni al tonno 73
Bocconcini di zucchine grigliate 70
Boghe al timo e asparagi 108
Carpaccio di girello di bue al pesto 102
Carpaccio di tomini 69
Carrè di agnello al forno con fiori di broccoli . . . 96
Cocktail "rosso di sera" 118
Crema ai frutti di bosco 119
Crema dolce al formaggio 119
Cubetti di gelatina di fragole 120
Cuori di merluzzo in foglia di verza croccante 107
Faraona farcita con cipolla caramellata alla salsa di soia 103
Filetti di platessa all'arancia 110
Filetti di platessa con salsa di vongole 106
Filetti di triglie di scoglio su crema di fave 110
Flan di melanzane 112
Frappè misto bosco 121
Frittatine al prosciutto con verdure crude e cotte 74
Fusilli al finocchietto selvatico e sarde 82
Fusilli alle cozze 84
Fusilli mantecati con platessa al pomodoro fresco e rosmarino 78
Garganelli ai fiori di rucola e petali di garofano . . 88
Garganelli, zucchine e zafferano 84
Granita di Brachetto con fragole 122
Insalata di carotine, cetrioli e olive allo yogurt . 113
Insalata di germogli di soia e verdure in agrodolce 117
Insalata esotica con mousse di peperoni 116
Insalatona di bresaola e carciofi all'olio di scalogno 70
Involtini di melanzane con prosciutto cotto e ricotta 98
Lasagnette di prosciutto, con burrata di Andria 89
Maccheroncini al torchio con merluzzo e cime di rapa 76
Melanzane all'aglio e basilico 114
Mezze maniche ai broccoli 86
Mezzemaniche con calamari e contorno di broccoli 81
Millefoglie di pomodori alle fave 68
Nettare di ciliegie 121
Orecchiette con ragù di agnello e carciofi 83
Palline di formaggio agli aromi 69
Penne alle zucchine 82
Penne rivestite di pesce spada affumicato 79
Petto di pollo con fiori di broccoli 99
Piccione arrostito e semi di finocchio 105
Pollo al limone 102
Pollo con spinaci 97
Prosciutto al forno con salsa ai mirtilli 104
Riccioli con vongole e broccoletti 77
Riccioli di foglia con asparagi, cozze e trota salmonata cruda 85
Ricotta alle more selvatiche 122
Salmone fresco in guazzetto mediterraneo . . . 111
Seppie con piselli 109
Spaghetti alle erbe aromatiche 87
Spaghetti alle vongole 80
Spaghetti freddi con frittura di pesce 78
Spezzatino di agnello con carciofi 98
Spuma di mortadella per crostini 73
Tartare di filetto ai capperi, olive e verdure grigliate 101
Tartare di merluzzo 71
Tartellette al formaggio e all'albicocca 123

Trota salmonata all'olio aromatizzato 75
Umido alla marchigiana 100
Vellutata di ceci e vongole 95
Zucchine alla rucola 113
Zucchine grigliate al prosciutto 72
Zuppa cruda di verdure 115
Zuppa di farro e carciofi 92
Zuppa di lattuga e peperoni 92
Zuppetta di legumi e cereali con seppioline
e cozze 90
Zuppa di legumi ed erbe aromatiche 91
Zuppa di lenticchie di Colfiorito
con mazzancolle arrostite 93
Zuppetta d'orzo, gamberi e asparagi 94

Bibliografia

M. Montignac, *Menù per dimagrire,* Hobby & Work, Varese 2005;

A. Agatston, *La dieta di South Beach all'italiana,* Sperling Paperback, Milano 2007;

G. Sangiorgi Cellini - A.Toti, *Colesterolo e trigliceridi,* Giunti, Firenze 2006;

G. Sangiorgi Cellini - A.Toti, *Ricettario per diabetici e iperglicemici,* Giunti, Firenze 2004;

S.E. D'Anna, *La scuola degli dei,* European School of Economics, Camaiore 2003;

P. J. D'Adamo, *L'alimentazione su misura*, Sperling & Kupfer, Milano 2005;

K. Oberbei, *Il dolce veleno*, Tecniche nuove, Milano 2007;

D. Chopra, *Guarirsi Dentro*, Sperling & Kupfer, Milano 1997;

J. Leonard - P. Laut, *Rebirthing*, Astrolabio, Roma 1988;

R. Martina, *Nati per vivere sani*, Tecniche nuove, Milano 2005;

R. Martina, *Equilibrio emozionale*, Tecniche nuove, Milano 2003;

M. Herbert Shelton, *Nutrizione superiore*, Ed. Michele Manca, Genova 1985;

Titoli in collana

ANTIOSSIDANTI
Ricettario del benessere
contro i radicali liberi

A TAVOLA CON L'INDICE GLICEMICO
Il gusto del benessere con il metodo Justwellness®

COLESTEROLO E TRIGLICERIDI
Consigli e ricette per una corretta
alimentazione

CUCINARE SENZA GLUTINE
Ricettario per celiaci

ERBE E AROMI
Gusto e salute dalle piante

IPERTENSIONE
Consigli e ricette per la prevenzione

RICETTARIO PER DIABETICI
e iperglicemici

RICETTARIO PER IL FEGATO
Una dieta sana e disintossicante

RICETTARIO PER LA GRAVIDANZA
Mangiare bene e sano in dolce attesa

VEGAN
La nuova scelta vegetariana
per il corpo, la mente, il cuore

YOGURT
I fermenti del benessere